策展
行知

叶秋 著

展示策划
工作手册

广西师范大学出版社
·桂林·

序

大家好，我是策展人叶秋。我在大学时期学的专业是生物科学，并且兼修了硅酸盐学科。曾经，我最大的梦想是做一个科研工作者，没想到，从2008年开始，却误打误撞进入了展览展示行业，一待就是十多年，并最终成为一位策展人。

在这十多年里，我参与了包括青岛啤酒博物馆、奥帆博物馆、2016唐山世园会"糖果王国"、动态版的《清明上河图》巡回展、海水稻研究发展中心展示中心、丽江古城历史文化展示馆等在内的两百多个城市类、文化类、科普类、艺术类展馆，以及数十个文旅项目的主创策划、创意工作，几百次的方案创作经历、一千多次的提案，逐渐把自己从一个木讷寡言的"二手科学家"变成了"策展老鸟"。

在2008年，当时，除博物馆之外的展览展示行业还处于发展的初期，可借鉴的经验其实并不多，所以在下定决心要把这个行业做明白之后，我就按照之前做科研的习惯系统地研究并更新认知。刚开始主要是收集与积累，但凡看到好的东西，我就会收集起来。有时候是一张图、一句话；有时候是一条视频、一段文章；也有时候是一个新的技术方案或创新的解决方案。然后是不停地看馆和看展。我刚开始学习策展时用的是笨功夫，拿着一个笔记本在上海科技馆待了三天，直到把每一个展项原理搞明白才罢休，后来就养成了看馆、看展的习惯，不论去哪里，一定会去当地著名的博物馆和展示空间感受一番。

深入展览展示行业后我才发现，这个行业简直太庞杂了，而且是一个系统工程，如果只针对展示策划这个工种，很可能永远打不开格局。所以，我开始跨界学习，学影视、学空间、学演讲、学舞台、学灯光、学材料，学和这个学科相关的所有东西。用了四五年的时间，我完成了初步的积累和资料体系的整理。

这些收集起来的资料并没有被束之高阁，每一份资料我至少会看一遍，这样它们多多少少会在我的脑海里留下印象，当我需要它们的时候，它们就会发生组合和裂变，变成我创作的养分。这种学习的习惯我一直保持到现在，每年都会督促自己学习几个新的学科，读一百本左右的书。时间一久，随着这些资料的积累量越来越大，我想的事情也越来越多，从而更觉得有写下来保存的必要——对自己来说是一种系统的整理，对他人来说有可能也是一些宝贵的经验。

于是，2016 年冬天，我开始在微信公众号写作与分享，从第一篇文章开始，一写就是六年，前后积累了大约三十万字。在公众号里，我真诚地分享了大量关于策展的心得和干货，这些分享也受到了大多数人的好评。关于分享，其实有许多人问我：你为什么要这么做呢？你把自己多年的积累拿出来给别人看，他们都学会了不是抢你的饭碗吗？

我之所以分享，是因为受到了许多人的影响，比如，从小得到的教育、大学时期遇到的很棒的师长、毕业后一路遇见的优秀的灵魂。我至今仍然记得他们给予我的善良，他们都在向我传递一个信息：做个热心的人，做个善良的人，做个对别人有价值的人，你会快乐。当然，我也不是没有私心，分享其实是"逼迫"自己变得更好的一种方式，干货都公开了，我就不得不超越之前的自己。这几年来，我的分享对行业也确实起到了一些作用，而我，没有变秃，反而变得更强了。

回到文字上，公众号里的文字有些是以随笔的方式记录的，有些是以问答的方式记录的，其内容都是我在这六年里遇到的具体问题。但因为时间跨度比较大，文章前后的逻辑关系有点散乱，对于大多数人来说，读起来不成体系，不好理解，并且前期有一部分描述不够精准。因此，大约在两年前，我决定统稿，前后大改了三四次，小修了十来次，终于觉得理顺了，可以拿出来跟大家见面了。

我对这本书的定位是：一本写给策展新人的书。主要原因是我跨界进入展览展示行业吃了很多苦头，希望这本书能给策展新人提供一些路径、方法和希望。我将这本书分成了三个部分：实践、认知和修养。实践部分主要是工作的流程，总结了我这些年的工作方法，将策展工作的过程进行详细的分解说明。认知部分主要是一些理论，从行知的角度总结了我对策展的一些看法和观点。修养部分主要是策展人自我提升的过程、方法和评价体系。

为什么是先实践后认知，再到修养这个结构呢？其一，这是我的学习经历；其二，因为策展并不是一个学科，所以也没有对应的专业，大多数新人即将走的路也会和我类似——跨界而来，从实践开始，再形成认知，然后反哺实践。所以，我最终决定还是直接以实践开篇，这样阅读或许会产生和许多以理论开头的书不同的效果。

为了方便大家阅读，文字方面我尽量写得不那么严肃，有时候可能还有点插科打诨。配图方面，我纠结了很久，主要是版权的原因，再就是想做点儿不一样的——本想模仿"混子曰"，画些漫画，但实在找不到既懂展览又懂漫画的艺术家。后来，我想干脆以信息可视化的方式来展示文字，但难度比我想象的大许多，所以图形化写作的方式只能暂时放下，先将文字版付梓，将来遇到合适的机会、合适的人，再来试试吧。

这就是本书的由来，接下来，让我们开始吧。

目 录

策展速写

　　策展速写是为那些对这个行业感兴趣的读者准备的，以便于你决定是否继续阅读。如果你只是想简单地了解一下策展，那么以下内容应该会帮到你。

什么是展

　　展主要包含展示空间和展示行为。展示空间除了大家所熟知的博物馆、科技馆、美术馆、艺术馆、规划馆、方志馆、纪念馆、会展馆，还包括文旅景区、商业街区的商场、店铺的展陈空间。这些空间有些只有几十年的发展历史，如规划馆、方志馆；有些则拥有几千年的历史，如博物馆、商业空间、店铺等。在这些空间里，通过对物品的展示达到传播目的的行为被称为展示行为，简称展示。

　　所以，展就是在一个空间里所进行的展示行为。

展有哪几类

　　展按照时间长短可以分为固定展、半固定展和临时展。固定展，如历史博物馆、自然博物馆、科技馆，一般会存在几年、几十年，甚至几百年，如中国国家博物馆、南通博物苑等。主题展的时间往往是数月，大家经常遇到的某些 IP 展览就是主题展，如国家地理经典影像盛宴、文艺复兴三杰大展、TEAMLAB 的光影特展等。临时展的时间往往是几天，常规是 3~7 天。因为时间实在太短，所以往往将其设在专门的会展中心内，即大家所熟知的展会，如 ChinaJoy、各类车展、设计周等。至于更加详细的展馆分类，各国均有差异，比较繁杂，也没有统一的学界共识，所以这里就不展开介绍了。

展示空间有什么意义

　　我有四个观点：其一，展示空间是文明基因样本的优秀保存与储藏方式；其二，展示空间是信息传播的优良载体；其三，展示空间就是我们表达世界的一种方式；其四，展示空间是人类幸福生活的一种方式。

展是谁做的

从事展览展示行业的人一般被统称为展览人或展示人。展览人的定义非常广泛，其细分工种成百上千，一般包括商务人员、策划人员、设计人员、项目经理（PM）与营造人员这几大类。展览展示的核心人员是策展人，策展人是能够主导展览展示的全程，且通过展览产生影响，并对它进行评价的创作人，是集大成者，其角色可以由从事任何一个工种的人担任。但大家不要将它和展示策划混淆，展示策划只是展览项目实施过程中的一个工种。

这些工种的关系如图1所示。

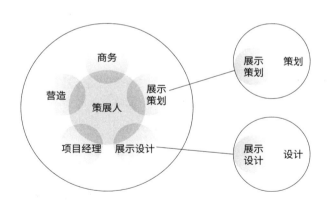

图1　展览展示行业工种关系图

策展团队是怎样分工的

商务人员，指寻找社会需求的一群人，包括展览企业的管理者与营销人员；策划人员，指根据市场需求制定方向、给出策略并负责内容逻辑与实施的创意人员；设计人员，指根据市场需求及内容逻辑进行空间创意、视觉表现及落地指导的创意人员；项目经理，指做资源管理、成本控制、进度控制、质量控制、供应商管理等工作的综合性管理人员；营造人员，指将策划与设计的作品落地实施的人，除了传统的硬软装，还有各种新媒体、新技术的研发人员，甚至还包含艺术家。

所以，一个展一般需要几十、上百，甚至几百人的配合才能完成，你会在不同的阶段遇到不同的工种。

策展团队为谁服务

只要有展示的需求，无论政府部门、企业、组织还是个人，都可以是策展团队的服务对象。

什么时候需要策展团队

如果你的需求很直接，就是要做博物馆、企业馆、展示馆、展示中心、体验中心或其他同类空间，可以直接找展览展示公司。如果你的第一反应是找装修公司，那就找错人啦。但如果你的需求并不明确，比如，提升自己的形象，更好地推广自己，或者旅游景区、商场、商业中心需要进行体验升级，可以去找广告公司或者其他营销类的公司，然后通过他们间接地找到策展团队。

在哪里可以找到策展团队

在中国展览馆协会、中国博物馆协会的官网可以找到国内大多数的展览展示企业。如果你希望找规模较大的企业，可以看他们是否拥有上述两个协

会的甲级（一级）或乙级（二级）资质。当然，这并不是团队优秀与否的唯
一评判标准。

策展的实践

由行而知，我们先从策展的实践开始，一步步学习展示策划，成长为策展人。当然，如果你想先看策展的理论知识，可以直接跳到第二部分。

在开始学习之前，先用一种有趣的方式——策展五线谱大致讲讲策展工作的全流程。如果将展馆创作的全过程比喻成一首曲子，五大类的工种——

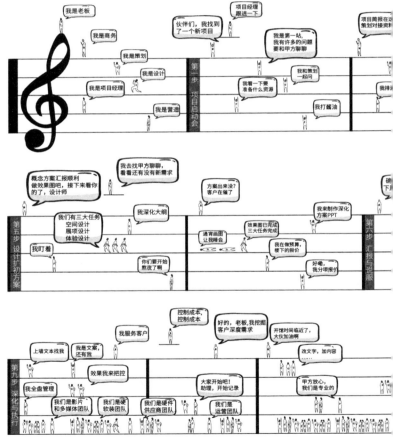

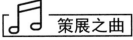

商务、策划、设计、项目经理（PM）、营造就是五条线，每个工种的具体工作如同音符，每个工作阶段好比一个小节，最终这首《策展之曲》会是什么样的呢？借用设计师王盼创作的"展示卡通小人"，我创作了图2。

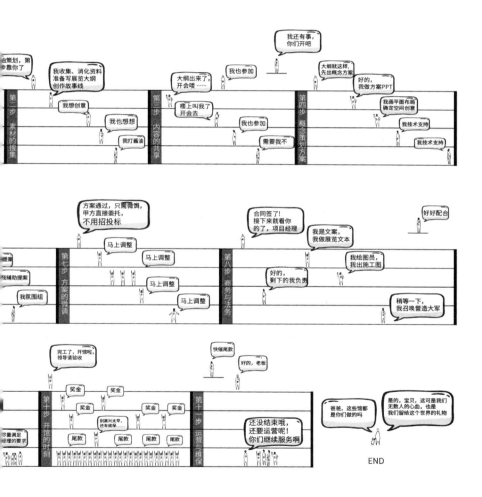

图 2　策展之曲

1 策展项目的前期咨询与调查

一般情况下，我们做任何一件事情都是有目的的，所以委托方要做一个展示空间也一定有其背景、目的、计划与期待。很多委托方无法清晰地说明自己的需求，因此，系统的引导与咨询是必要的，这样才能够在后续的操作过程中将我们的工作效率最大化。

刚接触到一个策展项目时，不要急，先想想怎样获取展示空间的信息和第一手资料——简单来说就是 5W1H（WHO、WHY、WHAT、WHERE、WHEN、HOW）。

① WHO——谁要做、给谁做？

② WHY——为什么要做？

③ WHAT——要展示什么？

④ WHERE——在哪里展示？

⑤ WHEN——时间怎样计划？

⑥ HOW——想花多少钱？

许多策划人员什么都不问就开始做方案，还有些人抱怨老板（或商务）并没有告知这些信息，只是说随便出个方案。遇到这种情况，其一，说明你的老板或商务不够专业；其二，其实你可以主动去做一些调查，排除客观因素，办法总是有的，只是看你愿不愿多花点功夫。

1.1 谁要做、给谁做

（1）谁要做

一般情况下：屁股决定脑袋，需求决定行为。

项目的委托方是谁？最终决策人是谁？真正的委托方是谁？有没有代理

方？有没有中间方？有没有竞争对手？有几家？分别是谁？这里所说的真正的委托方，有许多种可能性，在大多数情况下，出资方就是委托方，但是也有例外。在这些问题里，实际上我们判断的是话语权的归属与大小。

比如，一些文化地产项目需要配套打造展示空间，需要同时满足出资方、政府方及市场的需求，所以需要综合考虑。每个人的立场不同，对展示空间的要求与侧重点也不同。并且，有这个项目决定权的人是什么性格，喜欢什么，你了解吗？

有的人可能会觉得：为什么要了解？我不能按照自己的喜好做吗？策展服务在大多数情况下是服务行为，而策展工作的本质是解决问题。性别、年龄、兴趣、爱好、经历、修养……根据客体的具体情况做出有针对性的策略变化，会让方案更精准，项目推进更顺利，所以必须进行调查。

（2）给谁做

不同人群带来的结果是大相径庭的。

展示对象是谁？这些人的性别、年龄、职业、收入、学历……针对不同的人群，给出的解决方案是不一样的。如果委托方给出了非常明确的受众群体，那你可以对这个群体的特性做一些分析，进行有针对性的差异化定位，然后根据这个定位做内容的区别、空间的差异设计，乃至运营的差异规划。许多商业咨询机构有各类调查报告与数据分析，可能并不需要你从头开始做"客户画像"，所以不妨多问一嘴。

1.2 为什么要做

那么，委托方做这个项目的原因是什么呢？这个原因就是整个项目的出发点和目标。委托方为什么要做这个展示空间？为什么要在某个时间节点之前完成？他的核心诉求是什么？他的期待是什么？他看过同类的展示空间吗？觉得哪个不错？希望自己的展示空间达到什么水准？

这些非常考验商务和策划的整体把握能力，如果能够真正找对目标，一定会事半功倍。比如想建规划馆，其目标可能是想找出城市下一个阶段的发展可能性，也可能是把它作为文旅产业的一个配套设施，不同的可能性，需要采用不同的方式和策略。

做展示空间的原因有千万个，不要自己猜，先去问。成绩？成果？营销问题？……此外，你还要判断他说的需求是不是真实需求。我的习惯是找到每个项目背后的核心焦虑。你可以把企业或组织想象成一个人，而且是一个绝对理智的经济人。想想看，他想要通过这个展示空间解决什么问题？这个展示空间又能够解决什么问题？想明白了，你就知道他的真实意图了。

1.3 要展示什么

要做什么样的展示空间：要做成什么样的馆？博物馆？规划馆？纪念馆？科技馆？艺术馆？图书馆？展示空间的主题是什么：蜜蜂？陶瓷？城市规划？名人文化？现有展品有哪些？精品展品有多少？征集程度如何？品相如何？现有资料收集到什么程度：一点儿也没有？有一个基础框架？已经有了内容框架？有的话，谁做的？

隔行如隔山，对甲方来说很简单的东西，对策展人来说可能是一个新领域。而且展示的方法成千上万，搞不懂甲方的想法，真的很难对应得上。如果确定甲方什么资料和想法都没有也没关系，我们可以帮他们规划出来。比如有些展示空间，委托方只有一个执念：要做一个贝壳博物馆。那我们在做这件事时，就需要全盘为他们考虑和规划。而有些甲方已经准备好了一切，只是需要一个会讲故事的人，那我们的工作量就有很大差异了。

1.4 在哪里展示

了解甲方想展示的东西后，要确认他们想把这个展示空间放在哪里——哪个城市、哪个区域、哪个商圈、哪个板块、哪条道路。建筑已经完成了吗？什么时候完成的？建筑的朝向是怎样的？面积有多大？层高多少？规不规整？用地性质是什么？容积率是多少？周边的环境与配套情况如何？

大多数客户是有既定的空间的，比如某地块、某栋楼、某层。这个时候，你只需要了解一下这个空间的地理方位、层高、朝向、规格、柱间距等信息就可以了。一般情况下，客户也会提供 CAD 图，再去现场考察一两次，基本上就清楚展示载体信息了。但是也有部分特殊情况，甲方根本不知道这个馆要放在哪里。

1.5 时间怎样计划

策划什么时候完成？设计什么时候完成？施工什么时候完成？什么时候开馆？有没有截止时间？一般情况下，有几个时间节点是必须要清楚的。

其一，项目的预期完工时间或开馆时间。

有的甲方会明确告知他们想要的完工时间，但更多的时候是另一种情况：甲方不是不愿意告知时间，而是真的不知道。因为对展馆项目建设过程不了解，所以他们需要我们的合理建议，否则有时候甲方会认为，一个一两万平方米的展馆项目大概只要一个月就可以完成了。

其二，策划方案及设计方案的交稿时间。

最好能给自己留下足够的创作时间和机动时间。但是，理想是丰满的，现实情况可能是你明天就需要出一稿方案。

1.6 想花多少钱

　　有时候甲方是有预算的，但不告诉你。也许他们只有一百万，可是想要一千万的方案。当然，更多的时候，其实甲方自己也不知道要花多少钱。第一，因为他们是非专业人士，无法估算每平方米的造价。第二，即使对行业有一些认知，他们也不知道到底能拿出多少费用，比如一些需要申报资金的项目。这个时候，我的建议是按照正常的工作出方案即可，在将来明确甲方预算后，再适当增删。

1.7 调查表及需求清单

　　在本节的最后，分享一下《基础信息调查表》（表1）和《资料需求清单》（表2），大家做项目时可以参考这两份文件进行项目的前期信息采集与调查。

表 1 基础信息调查表

编号	信息点		说明
1	核心		
2	主题		
3	内容		
4	定位		
5	目标		
6	受众		
7	性质		
8	形式		
9	标本数量		
10	精品标本数量		
11	场地		
12	预算		
13	实施周期		
14	时间进度	概念策划	
		初步设计	
		深化设计	
		落地实施	
15	其他要求		

（若已知以上内容，请尽量填写）

表 2 资料需求清单

背景调查	1. 甲方是谁？ 2. 建馆目的与主要受众 3. 项目所在地的整体投资预期 4. 项目水准预期、展示手段及空间风格偏好 5. 运营方是谁？是否考虑商业运营？运营资金从何而来？甲方有盈利预期吗？
展馆基底	1. 项目红线图 2. 场馆地理地段信息（地形图、卫星图、航拍图等） 3. 场地 CAD 图，包含建筑、暖通、消防等分项设计说明文本及设计图（重要） 4. 场馆及其周边现状规划资料（景观、道路、公共设施、电网、建筑等） 5. 项目所在地、所在区域市政规划资料 6. 场馆周边道路及环境图像 7. 现场照片及影像
内容资料 （博物类）	1. 可提供的展品清单，附目录、尺寸、照片及保存情况说明（展品名称、数量、质地、文字、视频介绍及其他注意事项） 2. 项目专题介绍（书籍、纪录片、图文材料、模型等） 3. 与项目主题相关的历史、文化、传记、典故资料 4. 初步设想的展览大纲（若有） 5. 已成稿的展览文本或前期资料准备（若有） 6. 项目所在地的地情介绍（志书、宣传手册、宣传片、纪录片等） 7. 项目所在地非遗清单及介绍 8. 有必要展示的重要人物的专门介绍（名士、大家等）

内容资料 （自然类）	1. 可提供的展品清单，附目录、尺寸、照片及保存情况说明（展品名称、数量、质地、文字、视频介绍及其他注意事项） 2. 项目所在地的地情介绍（志书、宣传手册、宣传片、纪录片等） 3. 项目所在地自然资源及生态环境报告（地理地质类、水文类） 4. 项目所在地动植物资源报告（动物、植物、特产类） 5. 项目所在地特有种介绍资料（书籍、论文、宣传手册、宣传片、纪录片等） 6. 项目所在地文化类资料（志书、非遗名录、传记、小说等）
内容资料 （科技类）	1. 可提供的展品清单，包括目录、尺寸、照片、展品名称、数量、质地、保存情况、文字说明、视频介绍或其他注意事项等 2. 项目所在地特色学科介绍，相关学科的目录、介绍，专著资料（重要） 3. 初步设想的展览大纲（若有） 4. 已成稿的展览文本或前期准备资料（若有） 5. 相关扩展性学术资料 6. 项目所在地中小学自然科学教育课程规划或课程建设的相关教材或资料 7. 项目所在地文化类资料（志书、非遗名录、传记、小说等） 8. 项目所在地的地情介绍（志书、宣传手册、宣传片、纪录片等）

内容资料 （企业类）	1. 企业简介（网站、新媒体号、宣传手册、宣传片、纪录片等） 2. 可提供的展品清单，附目录、尺寸、照片及保存情况说明（展品名称、数量、质地、文字、视频介绍或其他注意事项） 3. 主要产品目录、解决方案及特性描述 4. 创始人（决策人）最近发言、讲话、访谈、纪录片等 5. 企业发展历程、大事记、领导关怀、企业荣誉 6. 企业发展规划（可对外公布版本） 7. 企业产业布局及营销网络布局 8. 企业文化（企业口号、企业使命、文化战略、品牌建设、党建工作、公益活动、员工生活等） 9. 企业组织架构图 10. 企业人才建设（人力资源、人才储备、科研成果等） 11. 企业视觉识别（VI）系统（Logo、VI 手册） 12. 有必要展示的重要人物介绍(历史名人、工作人员、管理者等)
内容资料 （文旅类）	1. 可提供的展品清单，附目录、尺寸、照片及保存情况说明（展品名称、数量、质地、文字、视频介绍或其他注意事项） 2. 项目所在地的地情介绍（志书、发展史、文化史、传记、荣誉、宣传手册、宣传片、纪录片等） 3. 项目所在地历年游客数据或相关运营数据 4. 项目所在地及周边区域整体规划相关资料 5. 项目所在地周边环境、地理地形、自然资源、生态环境相关资料 6. 项目所在地经济建设、文化建设、美丽乡村建设、精神文明建设、惠民工程等相关资料 7. 项目所在地旅游、生态、养殖等产业发展相关资料 8. 项目所在地文化与民俗介绍（书籍、刊物、纪录片等） 9. 有必要展示的重要人物介绍 10. 其他相关扩展性学术资料

内容资料 （党建 / 廉政类）	1. 可提供的展品清单，附目录、尺寸、照片及保存情况说明（展品名称、数量、质地、文字、视频介绍或其他注意事项） 2. 项目所在地的地情介绍（志书、发展史、文化史、传记、荣誉、宣传手册、宣传片、纪录片等） 3. 项目所在地党建 / 廉政文化、党建 / 廉政人物、党建 / 廉政故事、党建 / 廉政政策相关资料 4. 项目所在地党建 / 廉政题材宣传片、画册、照片、报道、影像资料 5. 项目所在地的文化、文史资料，如红色文化、特色人物、历史发展等 6. 有必要展示的重要人物介绍 7. 其他相关资料

2　策展项目的资料收集与整理分析

了解项目的需求后，就要进入资料收集与整理分析阶段。在这个阶段，我们要做的事情通常包括五个部分：现场的调研、资料的收集、资料的整理、资料的提炼与工作标准化。总而言之，没有调查就没有发言权。有了调查，还要对海量的资料进行归纳总结与整理，这是这个阶段工作的重中之重。

千万不要以为只有设计师需要现场调研，展示策划或策展人也需要对整个场地的面积、规整度、楼高、层高、朝向、光环境等具体参数，地理区位，交通现状，人流量及商业业态等方面进行全方位的了解，不然你创作的内容大概率会与空间脱节，给设计师及后续工种"挖坑"。

2.1 现场的调研

现场的调研包括展示空间的位置、交通、周边业态、面积、层高、朝向、光环境、楼板厚度、荷载、柱间距、消防、配套设施等内容。其中，位置、交通、朝向、面积、配套设施、周边业态等条件决定了策划内容和未来展示空间运营时的策略制定。

（1）位置

在哪个城市？每个城市都拥有独一无二的历史和文化，对这个城市的历史和文化的了解，有助于对展示空间内容的理解，特别是针对一些历史类的博物馆、规划馆。即使不是此类展示空间，城市的独特景观或文化亦可赋予展示空间不同的韵味和视觉设计。

在哪个区位？是新城区，还是老城区？政府对它的定位是文化名城，还是工业新城？在哪个地块？是商业地块、公益地块、农业地块，还是居住地块？在哪个层面？是地下空间，还是地面空间？在地面空间的几楼？

（2）交通

区位交通怎么样？地段交通怎么样？周边路况如何？有无停车场？……这些问题直接关系到观众的交通引导、现场的导流、出入口的设计等内容。

（3）周边业态

周边业态可分为泛周边业态和近周边业态。泛周边业态指的是在某个大区域内，各类型的营利或非营利空间业态。而近周边业态指的是围绕在展示空间周边的营利或非营利空间业态。

（4）面积

展示空间的面积有多大？相对于周围的同类业态，它的面积较大还是较小？如果面积不理想、形态不规则应该怎么办？在所有因素中，对展示空间设计师影响最大的就是面积因素。本来需要 2000 平方米才够展示，如果只有 300 平方米，同样的内容，该怎么集成设计？现场的空间不是矩形的，而是带有大量的异形结构，怎么办？了解展示空间的展示面积、空间形状是策展的重中之重。

（5）层高

层高是观众在观展过程中感受最明显的因素。如果层高低于 3 米，观众会感到压抑。正常情况下，展示空间的理想层高应该大于 4.5 米，更高的展示层高可为设计师在垂向空间设计上带来便利。很多时候，暖通、强弱电、消防等装置会占用 0.5~1 米的层高，被占用的层高基本无法进行布展设计，因此也需要将这部分考虑在内。

（6）朝向、光环境

设计师经常说的一句话是，控制了光线，就成功了一半。这说的就是光环境的重要性。自然光主要指的是阳光、月光、星光、自然反射光等。在建筑中，对自然光影响最大的是建筑的楼高、朝向、遮挡物等。在展示空间的设计过程中，自然光环境对展示项目的影响很大，由于展示设备多采用投影或显示屏，自然光越强，对显示效果的影响越大，因此，在主流展示空间建设过程中，大多会采用可控的人工光源进行设计。

不过，世事无绝对。在很多展示项目中，光线亦可对设计师有所助益，如引导自然光成为辅助光源，不但可提升设计档次，更可以降低运营成本；或利用光这一元素，通过对建筑外立面结构的改造，让光线呈现别样的形态，这也是设计高手常用的手段之一。

（7）楼板厚度、荷载、柱间距、消防、配套设施

在现场施工和需要打通上下楼层的时候，有些建筑不允许损坏楼板，或者在施工时，凿穿的厚度有限制，需要注意这种情况。荷载分为动荷载和静荷载，建筑设计中对它有专门的规定，因此在布展过程中必须考虑楼板的荷载能力，以免发生危险。柱间距对展示空间的布局有极大的影响。常规的柱间距多在 7~8 米，但一些老建筑还存在 3~4 米的柱间距。一般情况下，柱间距越大，越有利于布展。

在柱间距较大的情况下，两个柱子间足够打造一个较大的展示空间，利用隔墙和造型，便可以将空间变得丰富多样（图 3~ 图 6）。但当柱间距较小时，空间的灵活性就会大大降低，有时不得不采用裸露柱子的办法获得更大的展示面积，但会影响视觉美观。

此外，消防通道、配套水电等设施，以及对管线的硬性规定等，也需要设计师加以考虑。

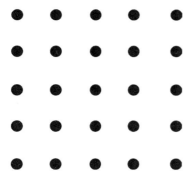

图 3 柱与空间的格局（全敞开式）

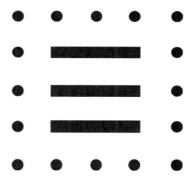

图 4 柱与空间的格局（连通式）

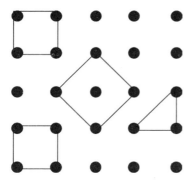

图 5 柱与空间的格局（局部围合）

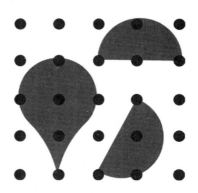

图 6 柱与空间的格局（异形围合）

2.2 资料的收集

在现场的调研完毕后，除了甲方给我们的资料（一般情况下，先预设甲方没有）之外，我们还需要自行收集大量对应的资料，如国家的政策里对同类项目的定位，以及对这类业态的规划，甚至细化到地区对这类项目的态度和观点是什么。此外，要阅读城市的规划与产业发展资料，以了解项目在整个城市发展战略中的地位。

接下来，还要进行同类项目的调查和比对——别人有没有做过同样的项目？做得怎么样？达到了什么水准？有没有什么问题？而我们应该达到什么样的水准？与此同时，还要从历史角度进行对比——前辈们做过吗？过去的情况如何？现在的情况如何？未来要达到什么高度？

怎样快速找到想要的资料？

有的人会觉得很简单，在网上搜索就可以了。但是如果没有专业的搜索技巧，你会发现"同一个网络，两个世界"。如果大家认真学习过科技文献检索这门课程，其实上述的问题都不是问题，但也有针对我们展览展示行业的一些经验之谈。查资料有两个基本要素：精确和快速。精确，保证查到的资料是对的；快速，保证工作是高效的，不至于浪费大量时间。我先简单说说"精确"，做策展项目一般会遇到以下几类资料的获取问题。

（1）政府类资料

最权威的政府类资料肯定来源于官网。政策性、规划性的资料都可以从官网获取，公开的文件容易获取，一般只需要登录相关部门的网站就能获取，如人民政府网、规划和自然资源局官网、文化和旅游局官网等。你所需要做的，就是找到项目所在地对应的省、市、区、县或部门官网，用关键词逐一搜索，有点耐心基本就能找到。

（2）企业类资料

一般情况下，企业官网是了解企业常规信息最直接的途径，但企业官网内容的时效性往往比较差，所以在条件允许的情况下，直接对企业内部人员进行访谈是最佳的手段。如果这条路走不通，你可以通过企业的新闻，企业领导人的讲话，企业的展会信息、宣传手册、宣传视频等进行间接的了解。此外，还可以通过全国企业信用信息公示系统对企业的各项信息进行查询，你可能会发现惊喜。

（3）文化类资料

文化类的资料大多是指有关城市历史、专题文化等方面的资料。通过网页搜索引擎所获取的资料往往是非常浅显和杂乱的，所以在城市历史资料方面，我的建议是阅读市志、县志或专门的志书来系统性地了解，也可以通过对应的专著来获取信息，还可以通过论文对专项内容进行信息获取和补充。

专题的文化资料，比如福文化、陶瓷文化、水文化等，一般可以通过专著和论文来获取，利用对应的关键词找到知名专家的著作，并以这些著作为树干，以其他著作或论文作为枝叶，形成自己的"认知树"，这样是能够解决问题的。这个过程的快慢，在你的努力因素恒定的情况下，与项目所在城市或专题文化的发达程度有直接关联。但在信息发达的今天，多花些时间，多利用些渠道，很多资料总还是能找到的。

（4）科技类资料

科技类的文章一般通过专门学科的教材、专著、论文、纪录片等载体获取，如针对湿地博物馆，你就要通读《湿地生态学》《湿地学》等专著，然后根据获取的知识点进行定向内容的扩展阅读，基本方法与文化类资料差不多。大体上，只要找准方向，愿意多花些时间，基本上都能找到所需资料。

接下来说说"快速"。这其实才是困扰绝大多数人的问题。有的人几分钟就可以找到想要的东西，而有的人却要用几个小时、几天，甚至找不到，或者找到的资料质量不如别人。

（1）根本的原因是知识储备和结构

绝大多数人找不到资料是因为自己根本不知道如何准确地描述想要的东西，甚至无法准确地提炼关键词。例如，你要做一个"数字海洋体验馆"，结果把它理解成了"数字 / 海洋体验馆"，而不是"数字海洋 / 体验馆"，那么你的脑海里肯定是海底自然世界，然后就去自然科学的领域查询，但是怎么都找不到，后来才发现原来主要内容是在信息科学领域，这一来一回，就浪费了大量的时间。

同样的情况会在文化、艺术等各个领域发生，知识储备量大的人在信息检索方面的优势的确是巨大的。知识储备和结构方面的问题基本无解，解决懂得太少、知识太匮乏的问题没有捷径可以走，只能通过长期的学习和积累，急不来。

（2）另一个原因是良好的工作习惯

比如，分类的习惯。作为展览展示从业者，要对行业资料进行长期的、系统的积累和梳理。按照分类法系统地进行搜集和分类，如案例库、素材库、软件库、项目库等。案例库又分为展馆案例、影像案例、图像案例、汇报案例等。展馆案例还可以根据地区分为北京、上海、江苏……分类的意义当然不是为了显得自己很专业，而是可以在分类的过程中对所有的素材进行一次通读，在脑海里留下印象，以便在你需要的时候可以通过分类路径快速地找到资料。

再比如，更新的习惯。有些人会习惯性地定期更新自己的资料库——可能是一段技术视频，可能是一部政策法规，也可能是一个突发奇想的思路……

这些内容在当下可能不会立刻派上用场，但当你需要时，它会自动跳出来，出现在你的脑海里。

还比如，分析的习惯。大的分析，如坚持复盘上一个方案的得失，哪里可以保持，哪里做得不够好，哪里能力不足，需要加强；小的分析，比如快捷键的使用、提案语气的变化、文字描述的优化等。通过分析与改进，你会一次比一次强大。保持这些习惯，你的效率会大大提高。

（3）最后的原因才是所用的工具和渠道

也许很多人认为浏览一些网站，活用搜索引擎，使用高效的软件，这些似乎都是捷径。但为什么有的人能找到这些好用的工具和渠道，而有的人却找不到呢？这些工具和渠道是怎么来的呢？

发现问题—分析问题—找到思路—解决问题—不断试错—优化方法—更好地解决问题……工具和渠道的本质是什么？答案其实就在前面：知识储备和工作习惯。

2.3 资料的整理

（1）资料对接

除了自己找资料，在很多情况下，你还需要和其他人进行资料对接。资料对接非常容易出现的一个问题是，有时甲方直接将某些资料发给了策划方的项目经理、商务或策划人员，而这些人可能无法第一时间分享最新资料，时间一久，每个人手里就会有不同阶段的资料夹。

为了避免这个现象，我建议采用资料统一接口制及统一管理制，即统一资料接收与发送者（一般是项目经理）；统一资料整理与归纳者（一般是展示策划）；所有人从甲方处获取的资料或自己收集的资料统一发送给项目经理；展示策划仅从项目经理处获取外部资料；建立项目资料唯一库，资料库的建立与管理只能由展示策划实施。采用这种方式之后，策展方可以保证资料渠道的唯一性，资料不会散失，也可以保证资料库的唯一性与完整性。

（2）资料整理

在资料收集和对接过程中，我们只把资料放在一起是不够的，还要对资料进行整理，把真正有用的东西提取出来。我们需要的是有效资料，所以资料并不是越多越好。我建议的整理方法如下。

1）约定文档命名格式

使用如下命名方式。

① 标准名称

馆名：某博物馆

缩略名：某博

② 文件夹命名方法

每个内容点匹配唯一内容点标号；每个内容点匹配唯一文件夹；与策展大纲完全匹配。

文件夹名称：项目名称首字母 _ 项目名称 _ 分项名称 _ 事项 _ 团队名称 _ 日期

如：M_ 某博物馆 _ 资料合集 _ 策划 _ 策斩 _20200315

③ 文件命名方法

项目名称：项目名称首字母 _ 项目名称 _ 分项名称 _ 事项 _ 团队名称 _ 日期

如：M_ 某博物馆 _A1-1 消防发展史 _ 多媒体影片脚本 _ 策斩 _20200315

在具体操作中，大家可以根据实际情况进行灵活调整，只要方便大家记忆与操作即可。

2）建立文件夹目录树

建立从一级标题到内容点的完整树形逻辑文件夹，为你的各级资料创建一个个合适的"屋子"。

3）文件归档

将找到的资料一一放入对应的文件夹中。这样的做法有什么好处？资料细分后，可以快速地找到；方便团队快速找到你最新的创作成果；不同创作者针对同一项目的资料，可以直接复制合并。实践证明，这是非常高效的工作方式。

2.4 资料的提炼

资料的提炼，具体地说，是资料的阅读、分析与理解。有一个大家常问的问题：你为什么能从那么多资料当中快速找到其中的逻辑？这其实是一种学习习惯和长期积累的结果。"唉……又是积累啊！"是的。那有没有比较快速的办法呢？两个方法送给大家。

（1）从无穷到零

无穷到零，就是奥卡姆剃刀定律：如无必要，勿增实体。比如，一开始我们可能整理出几百 G 的文档，在经过阅读后，将其中关联不大的删除或移动到备用文件夹里，这时高效而准确的资料可能只剩下十几 G 了。然后，我们将剩下的资料进一步缩减。在阅读资料的过程中，请思考一下，这个文件所描述的内容会对我们的工作有帮助吗？如果有帮助，可以将它们记录在一个文本里。在经过许久的阅读后，你会积累下来一份阅读笔记。但你的阅读笔记现在还像一支杂乱无章的军队，接下来，你可以按照最简单的逻辑，如时间逻辑、空间逻辑、并列逻辑等，将它们分好类、排好队。排好队后，重新思考这些文本有没有其他的逻辑关联，如果有，将它们写下来。之后，重复以上过程。这样一来，资料将越读越少，主题会越来越清晰。

（2）心流体验

如果说上面这种方式是打阵地战，会很费时间和精力，那么还有一种更加高效和非常规的方法，就是进入"心流体验"状态。"心流"，大家并不陌生，是一种全身心的、忘我的投入感受。在这种氛围里，你不知道时间的流逝，你会文思泉涌、妙语连珠，一个小时的工作效率比一天还高。在这个过程中，你会发现好像把自己糅合进了作品里，完成后会觉得浑身舒坦，心情愉悦。

那么，通过什么方式才能进入"心流"状态呢？可能是一杯咖啡，可能是一杯茶，可能是一句打动你的话，可能是一段音乐，也可能是一次冥想。方式有许多，但基本都包含两个要素。

其一，独立思考和判断。只有在丰厚的土壤中才能长出最美的花朵。你的阅读深度和广度决定了你的土壤是什么样的，这个深度和广度既包含你对项目资料的阅读，更包含你过往的学习和思考的积累。你看，讨厌吧？又是这两个字：积累。关于积累，我并不想分享太详细的技巧，而是把关于其本源的三句话送给大家：保持对世界的好奇，保持新观点的摄入，保持内心的光明。将自己变成一个可以独立思考和独立判断的人。

其二，突然的契机。把思考推向极致的过程有时候是非常痛苦而漫长的，而有时候只要一瞬间，就像灵感一样，当你刻意去寻找时，哪里也找不到，而不刻意时，它却会悄悄来敲门。所以，这个契机，说不清，求不得。

分享一下我自己的方法。方法一：用更海量的信息来激发灵感，用更多的检索和阅读来丰富自己。方法二：碰到瓶颈时，暂且放下，做点别的事，等待灵感的到来。

2.5 工作标准化

（1）PPT 的标准化

我们经常碰到的一个现象是，自己策划用的 PPT 和其他人不太一样。有些人用默认的版式，有些人用 A3 版式，有些人用 16：9 的格式，还有些人用 4：3 的格式；有些人喜欢用模板，而有些人则喜欢白色底板。

这些行为会造成后期排版时的工作量飙升，仅统一版式就得花一段时间，后期如果有一些更改，又得重新再调整。所以，我建议的标准工作方式是统一 PPT 模板。比如，我的 PPT 模板全部都设置成 32 厘米×18 厘米的纯色模式，并且在开始制作方案时会固定 PPT 版式里的首页、目录、扉页、正文页及分隔页。项目组成员统一使用此模板，这样就不会出现版式不统一等问题了，将来在相互拷贝方案文件的过程中也不会出现版式问题，这就大大节约了时间。

（2）软件

在创作一个项目之前，尽量使用相同的软件及版本。避免我用 AI，你用 CorelDRAW；我用 Premiere Pro，你用 Vegas；我用 2014 版，你用 2007 版……

（3）字体

另一件恼人的事情是，永远无法统一的字体：微软雅黑、方正特雅、毛笔手书体……所以，一般情况下，我们可以规定字体的选择范围，或在一开始就将使用的字体打包好附上。

（4）备份

在汇报之前，如果用的是甲方的电脑，最好确认他们系统的版本，可以使用的文件格式是什么，然后尽量把字体安装文件也放在一起。如果无法提前确认，一定要多备几个版本，并且如果条件允许，可以自带投影机，两个人以上出行的话，至少带两台电脑。最后，在汇报之前，尽量把方案在 U 盘、云盘里备份，以防电脑罢工等情况出现。关于工作标准化，当然不会只有这些，大家可以在具体工作过程中摸索出一套标准化的工作方法。

3 从根本上改变创作思路

3.1 运营思维的前置

运营对一个展馆来说有多重要不必多说，但如果想要让一个展馆有运营能力，我们在创作一个展馆的时候就得先有运营思维。这是一个根本的问题，就像你没有创作思维，不可能做出一个好的作品一样，不从运营思维出发，怎么可能创作出一个可持续的展馆呢？

目前，在我们的行业里，能从展示空间运营的高度对一个新馆项目进行剖析、解构，用运营前置的思路来做馆的人太少了。但这也怪不了新人，他们有许多人还没有真正地接触社会、接触市场，想不到很正常，没有血和泪的教训，切身感触实在不大，所以并不会特别关注。只有真正地在一线市场直面过观众和消费者的少数人才会认识到之前想的那些东西有多么离谱。

2020 年 6 月，国务院办公厅发布了《公共文化领域中央与地方财政事权和支出责任划分改革方案》，类似的发文还有许多，信号都非常明确：文化大运营，大的方向由国家把握，但资金要自己想办法，尽量通过市场找到解决方案。所以，运营时代已经到来，请大家做好准备！

如果让我做一个展示空间，我一般会怎么想呢？

其一，定位。

能不能不做传统的博物馆，而做一个文化商业综合体或者别的？可以用商业综合体的开发思路进行开发吗？它的面积有多大？周边有没有其他商业或文创项目？可以和他们联营，共同构建一个文旅综合体吗？可以用商业管理公司的形式运作它吗？如果要做一家陶瓷博物馆，可以收取车企一年 500 万的冠名费，然后叫它某某（车企）匠作博物馆吗？

其二，故事与空间。

之后，根据上述各种可能性，制订空间内容的故事线、情绪线和空间设计方案。

其三，运营。

可以联合冠名吗？可以把展示空间的所有公共墙面空间都卖给分众和广告联盟吗？可以把博物馆的富余空间送给小型创意创业团队，然后从他们的年销售收入中分成吗？可以时常举办主题室内集市或活动盈利吗？有品牌化的可能性吗？可以做博物馆连锁和加盟吗？可以一开始就融资吗？……

这些，就是运营思维的具体表现。用一句简单的话来概括就是：运营思维指的是从市场的角度，由整体到局部、横向到纵向，对整体展示空间进行商业评估和商业模式构建，围绕展示空间长短线收益的可能性与风险性进行展示空间创作指导的思维方式。它的思考逻辑如下。

（1）从整体到局部

这里讲的是展示空间的定位出发点，比如根据城市的定位、产业的政策、地块周边的商业信息等条件，制定最适合展示空间的运营大策略。例如，一个工业型城市要建一个儿童博物馆，该城市类似儿童主题乐园的项目非常少，所以做一个展览性质的儿童博物馆是不适合的，那么也许可以考虑做一个"立体书式的儿童主题乐园式博物馆"，或者一个"儿童文化商业综合体"；又或者做一个少儿版的 SKP-S（以数字、模拟、未来为主题的商场），取名叫作"JUMP-POP 儿童王国"。如果"JUMP-POP 儿童王国"可以复制，有收益预期，就可以利用它来融资。这就是从城市、产业和地块周边信息出发去考量的运营思维。

（2）从横向到纵向

从横向到纵向指的是从商业盈利点的各个维度去思考——如果把这个东西放到展示空间里，它可以怎样呈现？从我们最普通、最需要的生活里去寻找它和展示空间跨界的可能性。例如，餐厅 + 博物馆 = 可以吃的博物馆？万达 + 博物馆 = 文化商业综合体？电影 + 博物馆 = 系列 IP 体验馆衍生？社区报刊亭 + 博物馆 = 公共装置？

（3）投入与成本

举个例子，一个多媒体商业展的营收来源主要有几个部分：赞助、票房、授权或衍生收入。最粗暴的想法是收入大于支出，就能盈利。但细想一下，其中还有时间成本、机会成本，还可能碰到一些突发情况。所以想要控制风险，有些展项就要选择放弃，或者用取巧的办法来做，而不重要的空间也不要投入太多资金。

现实的运作会更复杂些，但道理是一样的：你要在做之前想清楚这些问题。用运营思维来指导展示空间的创作，你之前不理解的有些空间为什么那么做，现在可能就明白了。那么，运营思维是怎样练成的呢？大多数人是通过人生阅历和经验来寻找融合可能性的，实践出真知，这种方式是最好的。所以，想学会运营，只有一种办法：入局。

在逛街、看展、购物，到某个主题乐园或某个城市的时候，不妨想想，如果你是这个城市、这个乐园、这条街的负责人，你会怎么办？怎样定位？怎样招商？怎样做品牌？怎样规划财务？怎样做培训？……之后，如果有机会，自己去运营一个空间。当然，我们从零开始时，可以先向前辈们请教学习，并通过创意树、头脑风暴的方式来进行运营思维的训练，然后，择机入局。

3.2 创作的内心动力

许多人在创作过程中除了没有创作的理性逻辑思路外，更大的问题是没有创作的情感因素。有人说，现在我的脑子一片混乱，感觉自己被榨干了，可还是什么也写不出来。有人说，我感觉写出来的东西都是那样的，没有灵魂。有人说，我一直在重复地完成某些东西，无法突破。这些问题的症结就是你没有感动。人不仅是理性动物，更多的时候其实是感性动物，好的文章或者作品，大多是作者倾注了大量心血和情感的，比如一些文艺作品。想要做出好的作品就必须进入"创作的情境"，然后借由文字或者语言表达"内心的知觉"。

展示空间也是如此。展示空间的创作者如果想进行"独特性的创作"，想做出与众不同的作品，同样要进入"创作的情境"。换句话说，你被你的主题触动了吗？比如，你在创作某个城市的博物馆时，有没有被这个城市的文化"击中"内心？有没有感慨"果然是一座与众不同的城市"？有没有被这个城市的某个人或物引发情绪的共鸣或波动？如果你在做某个企业的展示空间，你是否认同这个企业的文化？他们的企业文化或者使命有没有感动你？你认可他们的人品和行事风格吗？

从内心发出的声音，是这个世界上最强的音符；从内心源起的创作冲动，是最好的创意动力。

那么，有没有解决方案，可以让我们在展示空间创作的过程当中更容易进入"创作的情境"，触动自己呢？当然是有的。

第一个方法：挑选项目。

尽量挑选一些自己感兴趣的项目。如果你可以决定自己做什么，不做什么，挑选自己喜欢的展示空间是最好的选择。但如果你没有选择余地，或者不得不做某些展示空间，怎么办？找角度！例如，做博物馆，直接说历史不好玩，那如果从一个人、一件事或者一群人、一堆事切入，去寻找故事逻辑呢？就像《万历十五年》解读明史一样，换个角度或方向。试想一下，从三个"80后"的故事切入是否会更有趣一些？做纪念馆，人物枯燥无聊，比如"乾隆展"，但如果把时间轴移到未来，变成"乾隆潮"就有趣许多。我们也可以考虑转换一下场景，转换一下身份和职业……众多不同的角度，总有一个角度可以打动自己。

第二个方法：深度阅读。

如果你已经找到了一个自己喜欢的项目，并希望进一步创作，这时候你需要做的就是深度阅读。比如，你正在创作一个"蜜蜂博物馆"，那你就需要进入蜜蜂的世界：你在靠近什么样的种群？它们从出生到死亡都在干什么？它们的世界观是什么样的？它们有自己的认知吗？……要达到这种深度，你需要进行大量的阅读并理解，同时，在这个过程当中找到能让你产生共鸣的点。也许你会问：阅读量太大，有时候没那么多时间，也读不下去，有没有捷径呢？有的。看纪录片、传记、新闻报道与小说等，就如同前文所述的资料收集与阅读方法一样。

我个人比较喜欢的方式是看纪录片。在创作一个海洋类科技馆时，我观看了公共平台评分最高的几部海洋类纪录片，画面中深海里的光束和太空里洋流的视角深深地触动了我，后来我就把它们变成了展示空间的整体设计元素，并将故事和情绪线设计与之呼应。那是一次感觉非常棒的创作体验。

第三个方法：联想刺激。

这里所说的案例，不只局限于展示空间类案例，还有大量其他空间设计类案例，比如文化旅游类、景观类、工艺设计类、家居类、画作、装置艺术，等等。这个方法的唯一问题是，你要有大量的案例储备，即素材库。素材不会从天上掉下来，那么从哪里来？<u>长时间搜集＋购买＋采风</u>。

　　我的习惯是，每年年初，搜集一些世界上最新的空间类设计方案，然后花几天时间从头到尾看一遍，把那些触动我的图片放到灵感库中。年底的时候，再集中时间去参观一些新的展示空间或创新空间。这种笨办法的好处是，那些好的设计自然会在你的脑海里留下印象，你需要的时候，翻阅一遍灵感库，说不定某些症结就被解决了。我的灵感库中的几万张图片就是我在职业生涯中慢慢积累并分类的。需要提醒大家的是，每个人的兴奋点是不同的，因此，建立自己的素材库才是最好的办法。

4 故事线、展览大纲及内容手册

4.1 故事线

　　创作展示空间的时候，我们常听到一句话："你要学会讲故事。"这句话有时候是你的老板跟你说的，有时候是某位前辈跟你说的。其实，你很想问他们："什么是讲故事啊？"但是你不敢问，因为怕别人觉得你不专业，怕别人知道你不懂。即便你问了，他们也不一定能讲出个所以然来，所以在本书中，我尽量用简单的方式告诉你，什么是讲故事，什么又是故事线。

（1）故事线是什么？

　　"从前，有一座山，山里……"说到故事，你会不会想起了这个？故事里有时间、地点、人物、起因、经过、结果，那展示空间的"故事线"是不是就是创作这些东西呢？非也！在展示空间里，故事，是世界观的投影；故事线，是将散落的故事串联起来的方法。换句话说，故事线就是表达观点的一种逻辑。

　　比如，博物馆最常见的过去、现在、将来；企业展示空间最常见的文化、产品、愿景；商业主题空间最常见的并列式叙事；美术馆最常见的无规则逻辑，这些其实都是一种故事线。故事线，不只是讲故事，它还要追求的是，更精准的事实还原，更高效的信息送达。

　　举个例子，"136258457852159582"这串数字大家能很快记住吗？不好记吧？但"112233445566778899"就很好记，这就是故事线的魅力。人类的信息处理能力有限，在一定时间里能接收的信息实在太少了，若直接丢一本历史书过来，一般人几个月也消化不了。所以如果在一个展示空间里，使用历史书那套模式，将会十分枯燥无聊，这个展示空间的信息传达也就会很有限。

　　而故事线则是将一个庞大的世界观，用一种简化但形象的方式进行转化，在不失去真实性的同时，还能在有限的时间里达到信息传达的目的。为什么大家都爱听故事？因为故事里有大世界！所以说"讲故事"是一种高级的能力，而创作"故事线"更是一种高级的表达。

（2）故事线的基本类型

　　既然故事线是表达观点的一种逻辑，追求更精准的事实还原，更高效的信息送达，那么故事线的基本类型有哪些呢？讲故事的方式有很多种，因此，故事线也各不相同，但基本上都离不开最基础的逻辑方式。

1）"金字塔"式

　　在这些逻辑方式里，最常用的就是"金字塔"式，因为它最简单，最符合人类的懒人模式。具体来说就是：①提出一个观点；②列出几个论点去证明这个观点；③为这几个论点分别准备一些论据。

　　观点：福州是一个好城市。

　　四个论点：福州山好、福州水好、福州城好、福州人好。（山、水、城、人就是一条故事线，它其实不是并列的结构，而是递进的逻辑，因为山好、水好，所以城市择址，所以文明发展，所以城池兴、百业旺，所以民风淳）。

　　论据：福州四面环山，刚好挡住了台风，减弱了自然灾害的影响。闽江穿越而过，奔流入海，是典型的古代环境地理学——风水学的标准样本……

　　一层层地展开，逻辑清晰，结构也很简单。"金字塔"式是展示空间创作中最常用，也最实用的一种故事线创作方式。

2）平行式

　　常规逻辑里仅次于"金字塔"式的是平行式逻辑。比如，一个园区展示空间一般会这样创作它的故事线：①城市建设历久弥新；②平台建设夯实稳健；③人才引进不遗余力；④产业规划高瞻远瞩；⑤企业创新硕果累累。这五个板块之间的内在逻辑不那么明显，所以将其拆分成五个单独的观点，然后并列陈放，把展示空间分成城市厅、平台厅、人才厅、产业厅、企业厅，观众在参观时也非常容易理解。这就是平行式故事线的创作方式。

3）梯式

梯式，不是流水账，而是层层递进、不断拔高的故事线创作方式。

比如，故事线"在人间—观沧海—起琼楼"。"在人间"是第一层，讲现实，讲人间烟火，讲下里巴人，讲市井里坊；"观沧海"是第二层，讲超脱，讲白云之上，讲阳春白雪，讲无尽可能；"起琼楼"是第三层，讲追求，讲人性价值，讲形而上学，讲大观宇宙。

三部曲式，层层递进，观众的理解也随之慢慢深入。这就是梯式故事线的创作方式。

4）散点式

散点式讲究的是形散而神不散，没有足够把控力的话，很容易变成一堆散沙。

例如，爱马仕"奇境漫步"展览的散点式叙述："闲情漫步""手杖""衣橱""十字路口""广场""雨后""忘物咖啡馆""走廊""街头艺术家""间谍之眼""家"，十一个短语和词语对应十一个场景，彼此之间并没有太多的关联，但形散神不散，每一个都体现了爱马仕的想象世界，让人赞叹。当然，空间、展品和展示方式对内容的加持也起到了非常大的作用，同样的内容，如果换一个创作团队，效果可能会截然不同。所以，敢用散点式逻辑的，要么是大师，要么是新手。

散点式和平行式最大的不同在于，散点式的点可以不在一个分类层级上，而平行式往往要求观点在同一个分类层级上。

5）立体式

立体式的故事逻辑其实是以上几种逻辑方式的综合。以下是为一个企业创作的故事线。

A——MY WAY 致道者

- 基因
- 河谷

B——MY COUNTRY 我的国

- 流域
- 大地
- 天空
- 矩阵

C——MY FRIENDS 有朋至

- 创投
- 聚合

我希望打造一个造物的新世界，无数的创新物种构成了这个世界，它们没有以常规的方式布设其中，而是以生态聚落的自然模式呈现。这种方式初看时是比较令人费解的，但一旦和空间匹配，就能拥有很强的说服力。这类故事线不是常规的故事线，而是综合运用了多种故事线的创作方式，对己方的创作能力和甲方的审美能力都有很高的要求。

其实，在故事线的创作过程中，我们都应尽量遵循简单明了、高效送达的原则，即使语义不足，也要尽量从空间与展示形式上寻找契合点。所以，只要你遵循这一原则，并且对创作方式的使用已经熟练到某种程度，便可以抛弃所有的框架，大胆创作。

（3）故事线的评价标准是什么

什么样的故事线是好的故事线？它有什么评价标准？评价这件事非常复杂，也没有十分客观的标准，在本质上是不可能的，也没有必要。但是，完全没有评价也不行，所以我个人比较喜欢用感性的标准来评价。什么是感性的标准？

人间词话（节选）

词以境界为最上。有境界则自成高格，自有名句。五代、北宋之词所以独绝者在此。

有造境，有写境，此理想与写实二派之所由分。然二者颇难分别，因大诗人所造之境，必合乎自然，所写之境，亦必邻于理想故也。

有有我之境，有无我之境。"泪眼问花花不语，乱红飞过秋千去。""可堪孤馆闭春寒，杜鹃声里斜阳暮。"有我之境也。"采菊东篱下，悠然见南山。""寒波澹澹起，白鸟悠悠下。"无我之境也。有我之境，以我观物，故物皆著我之色彩。无我之境，以物观物，故不知何者为我，何者为物。古人为词，写有我之境者为多。然未始不能写无我之境，此在豪杰之士能自树立耳。

大师珠玉在前，吾不赘述矣。

4.2 展览大纲

在完成一个故事线的设计之后，就要对这个故事线进行细节展开，并形成逻辑自洽的结构，这个结构就是展览大纲。但是在创作展览大纲的过程中有一个问题：展示策划可能会混淆一些名词。展示框架、策展大纲、策划大纲、布展大纲、展示大纲、内容手册、展览文本……一百个策划会有一百个解释，因为之前的确没有标准。在实际操作过程中，这些名词往往会给工作带来麻烦，如果甲方认为的展览大纲和乙方的认知不一样，那就麻烦了。

针对这种混乱的现象，2019年6月，由南京博物院起草的《WW/T 0088—2018 博物馆展览内容设计规范》算是正本清源，解决了这个问题。这个规范为我们常见的一些术语及名词下了定义，如展览大纲（exhibition outline）——展览内容的主要构架；展览文本（content text）——展览内容设计的完整文件。再结合内容设计流程图（图7），就清楚了：<u>展览大纲是指框架性、不涉及具体内容点描述的文本；展览文本是指涉及具体内容点描述及创作的文本。</u>

图7 内容设计流程图

而且你还会发现，展览大纲并不仅仅是指一个文本内容点的框架，还包含主题确定、展览定位、展览结构和大纲评估。所以，展览大纲其实比大家预想的要复杂一些，但只要把它当作方案的整体思路框架就很好理解了。这个规范标准是针对博物馆的，那些不是博物馆的展示空间，如企业馆、规划馆、艺术馆，是否有必要遵循这个标准呢？我的观点是：统一，挺好。

4.3 展览大纲创作案例

针对素材收集、整理、提炼，以及展览大纲的写作，大家可能还会有点迷惘，所以接下来我用"月球博物馆"这个案例来一步步地展示一个展览大纲创作的全过程。

月球博物馆

我对这个展览的定位是面向亲子市场的主题体验博物馆，在拥有完整的内容体系的同时，需要具备能够运营的商业潜力。基于这个出发点，我将展览大纲的创作分成了两个步骤：学术大纲的整理和故事大纲的创作。学术大纲的整理侧重点在于"月球全内容体系"的构建，也就是该有的内容，要尽力全部收集起来。故事大纲的创作侧重点在于"故事的趣味性和传播性"，也就是让枯燥的内容变得生动有趣的部分。

第一阶段：学术大纲的整理

第一步：素材的收集与整理。

需要事先提醒的一点是，尽量不要使用浅层资料，如网页上查到的零零碎碎的内容。其一，这些内容体系不够全面；其二，深度不够；其三，出处不详，容易出现谬误。因此，我一般会通过专门的渠道去采集素材，比如月球博物馆，我需要三个层面的资料。

第一层面：理性资料

关于月球的基础知识体系，如它的基本参数、发展史、地质结构、文化习俗等方面，我是通过基础教材和相关著作获得的。我先用关键词"月球""月亮""月球科学""月亮文化"找到了一些书籍，然后阅读目录，筛选出内容体系比较完善、可以相互弥补知识结构的几本书，包括欧阳自远的《月球科学概论》；大卫·M.哈兰德著，车晓玲、刘佳译的《月球简史》；藤井旭著，韩天洋译的《伴月共生》；贝恩德·布伦纳著，甘锡安译的《月亮：从神话诗歌到奇幻科学的人类探索史》；郑永春编著的"太空地图"系列《月球全图》。

经过浏览之后，我决定精读《月球科学概论》，其他书为泛读补充。但是，我很快就发现，《月球科学概论》讲述的大多是关于自然科学领域的知识，有关人文领域的资料还有欠缺，于是前往期刊网，通过关键词"月亮文化"找到了一些论文。在快速浏览后，我收集的内容已基本能够满足科普层面的需求，至此，基础知识的储备就差不多了。

第二层面：感性资料

理性资料能让你进入一个知识体系，但它很难让你产生感动与共鸣，所以我们还需要感性资料来进行创作的升华辅助。我主要采用的方法是通过纪录片来获取感性资料。通过同样的关键词，我找到了探索频道的《奔向月球》（Moon Shots）、BBC 的《月亮之谜》（The Moon）、BBC 的《重返月球》（Apollo: Back to the Moon）、央视的《飞向月球》等纪录片。当然，除了纪录片，还可以通过画作、摄影作品、艺术品、电影等方式获取对月球的"感性认知"。

第三层面：综合资料

除了以上感性与理性的内容外，现代人对月亮的解读也是五花八门的，所以还可以再根据自己的时间、精力与爱好寻找一些相关的、有趣的内容，如艺术类、摄影类、小说类作品等。当然，关于月球的资料不可能只有这些，如果你有条件，还可以通过更多的渠道来获取，但是作为科普资料的话，这些大致够用了。

第二步：内容的阅读与理解。

以上收集的资料，需要花费一段时间来消化和理解，短则几个小时，多则几个月，"月球博物馆"模拟的是我们创作同类展馆时最常遇见的情况——老板或客户说：明天给我个框架吧！虽然不鼓励并讨厌这样的行为，但是从练习的角度来说，还是可以挑战一下的。所以，只有一天的消化时间。

我的方法是，精读《月球科学概论》，然后快速地浏览完其他几本书的框架和基本内容，同时，边读边想，边想边搜索新的资料，完善脑海里的整个内容体系。在这个过程中，我建议大家封闭式地创作，在状态最好的时段，全身心地投入阅读和理解，这样效率会高很多。

第三步：内容的归纳与总结。

在阅读的过程中，归纳与总结也是在同步进行的。我在阅读时会在笔记本上写下许多关键词，也会在思维导图中将即时想到的内容补充上去。相对而言，我更喜欢思维导图。边看、边想、边写，一个关于"月球博物馆"的学术性内容框架就逐渐成形了。最终的学术逻辑是感知—初识—了解—拥抱—挑战。

从人类对月亮的疑惑开始讲起，"小时不识月，呼作白玉盘"，如果没有人告诉我们那是月亮，那它会是什么？因为对它有猜想和疑问，就会产生探索的欲望，而探索的欲望，是通过距离的不断缩近来呈现的，因此可以采用容易理解的由大到小、由宏观到微观的故事线，具体如下。

A. 以月为媒，从想象力的角度，我们感知月球；

B. 月的源起，从宇宙宏观的角度，我们初识月球；

C. 月亮之上，从月球本身的尺度，我们了解月球；

D. 探月登月，从人类观望的尺度，我们拥抱月球；

E. 星月之宇，从月亮出发，人类的挑战是星辰大海。

大的故事线整理出来之后，接下来是细化每个板块，同样运用分故事线的讲述逻辑来呈现（图8）。

至此，一个比较完整的学术大纲算是成形了。但是，距离它成为一个优秀的传播型、体验型、运营型大纲还有很远。

第二阶段：故事大纲的创作

对于一些展馆或展示项目来说，学术大纲是够用的。但是，假设我对这个项目的定位是，一个面向亲子市场的主题体验博物馆，在拥有完整内容体系的同时，需要具备能够运营的商业潜力，那么，这个学术大纲就显得比较"干"，不够"有趣"，很难吸引小朋友，所以有必要进行创作语言的"升级"。我的创作依据是儿童心理学，或者说，人类的本能视听、简单逻辑能力与信息接收能力，直白点就是图形化、简单化、口语化。

假如我在一个新的星球上，看到一个巨大的、悬挂于天空的"白玉盘"，我会有什么疑问呢？这是什么啊？它为什么这么大、这么亮？上面有人吗？有没有好吃的东西？我可以去上面吗？爸爸妈妈可不可以陪我一起去？如果上面有一个城堡该有多好啊！

…………

于是，一个故事的轮廓出现在脑海里：月亮之上有一座城，这座城市是由全世界最具想象力的孩子们构建出来的，可是现在，孩子们的想象力在枯竭，月球之城正在慢慢消失，盲童阿奇必须依靠他强大的想象力，重建月光之城……

然后，画面感越来越强。盲童阿奇坐在阳台上，听风吹，听草动，听虫鸣，他的奶奶拿着一把蒲扇，轻轻地扇着风；萤火流光渐起，照亮了草叶的轮廓；一轮明月从乌云背后缓缓露出，大地渐渐明亮起来，漆黑的夜，渐渐有了颜色；阿奇似乎感受到了一点儿温暖，他抬起了头，向着前方，说："这是什么感觉呢？""太阳让我觉得很温暖，月光似乎也很舒服呢。""我没见过月亮，它是什么样的呢？""它是怎样悬挂在天空中的呢？""奶奶，奶奶，月亮是什么样的啊？"

…………

盲童阿奇有许多疑问，这些问题奶奶也不知道，但她听过很多传说，有奔月的嫦娥、伤心的后羿、调皮的玉兔、憨厚的吴刚、巨大的蟾蜍和挺拔的月桂。奶奶说了许多关于月亮的故事，于是阿奇做了一个梦，一个关于天空之城——月光里的小城的故事。

这个故事可以叫作阿奇的月宫奇遇记，于是我便称这个主题空间为奇梦月光里，所以，月球博物馆就变成了"奇梦月光里——阿奇的月宫创世纪"。它的故事大纲如下。

A 月光丛林

　A1 追月的孩子

　A2 传说与传奇

B 萤火天阶

　B1 到月亮上去

　B2 登月的少年

C 月光暴动

　C1 在月亮之上

A 以月为媒（15%） 　　**B月...**

| 人间观月 | 对月遐想 | 伴月共生 | 起... |

| 月相 | 月食 | 潮汐 | 月光 | 神话传说 | 月的崇拜 | 农历与阴历 | 民俗与节庆 | 哲学 | 美学 | 文艺 | 捕获说... |

朔 ｜ 白道 ｜ 蛾眉月 ｜ 上弦月 ｜ 望 ｜ 下弦月 ｜ 日食 ｜ 月掩金星 ｜ 月食 ｜ 月虹 ｜ 月晕 ｜ 东方 ｜ 西方 ｜ 华夏月神 ｜ 月老与红娘 ｜ 西亚的月神 ｜ 月亮祭祀 ｜ 阴历 ｜ 闰月 ｜ 中秋 ｜ 七夕 ｜ 礼俗 ｜ 阴阳学说 ｜ 阴晴圆缺 ｜ 明亮与晦暗 ｜ 美丽与丑陋 ｜ 婚姻与爱情 ｜ 月与国旗 ｜ 诗词 ｜ 歌曲

超级月亮

嫦娥奔月 ｜ 月中蟾蜍 ｜ 吴刚伐桂 ｜ 狼人传说 ｜ 古希腊月神 ｜ 古印度月神 ｜ 俄罗斯月神 ｜ 日本月神 ｜ 月光娘娘 ｜ 月神嫦娥 ｜ 西王母

拜月 ｜ 赏月 ｜ 跳月 ｜ 踩月

D 探月登月（40%）

| 朦胧之月 | 渐明之月 | 无遮之月 |

| 月之初想 | 华夏之眼 | 西方之眼 | 第谷 | 开普勒 | 牛顿 | 世界名国的探月的计划 | 美国的探月之旅 | 苏联、俄罗斯的探月之旅 | 欧洲的探月之旅 | 日本的探月之旅 | 中国航天简史 | 九天...嫦娥... |

琉善一个真实的故事 ｜ 菲尔多西王书 ｜ 疯狂的罗兰 ｜ 卢多维科·阿里奥斯托 ｜ 月中人 ｜ 月球之旅 ｜ 从地球到月球 ｜ 儒勒·凡尔纳 ｜ …… ｜ 张衡 ｜ 祖冲之 ｜ 徐光启 ｜ 郭守敬 ｜ 石申 ｜ 托勒密 ｜ 哥白尼 ｜ 柏拉图 ｜ 伽利略

阿波罗计划 ｜ 『神』1号 ｜ 『神』2号 ｜ 『神』3号 ｜ 长征火箭家族 ｜ 导弹家族 ｜ 中国卫星 ｜ 卫星应用 ｜ 绕：一期工程 ｜ 落：二期工程

嫦娥一号 ｜ 嫦娥二号 ｜ 嫦娥三号

图 8　月亮博物馆学术型策展大纲

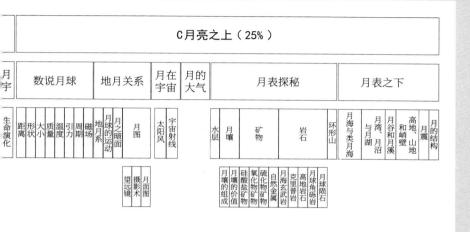

C月亮之上（25%）

月宇	数说月球	地月关系	月在宇宙	月的大气	月表探秘	月表之下
生命演化	距离 形状 大小 质量 温度 引力 周期 磁场	地月系 月球的运动 月之暗面 月图	宇宙射线 太阳风		水层 月壤 矿物 岩石 环形山	月海与类月海 月湾、月沼与月湖 月谷和月溪 高地、山地和峭壁 月震 月的结构

月图：月面图 摄影术 望远镜

月壤：月壤的组成 月壤的价值

矿物：硅酸盐矿物 氧化物矿物 硫化物矿物 自然金属

岩石：月海玄武岩 克里普岩 高地岩石 高地角砾岩 月球角砾岩 月球陨石

星月之宇（10%）

英雄	月的期待	浩瀚宇宙
太空勇士	未解之月 月球基地 月球旅行	

太空勇士：训练装置 宇航装备 月球生命

月球之城 月球农场 科幻月球

月球博物馆
策展大纲

C2 失落的月城

D 新月幻城

D1 追光的少年

D2 新月城崛起

对比一下两个框架就会发现，二者的许多内容并不一样，但实际上，我已将学术框架的内容融入"故事大纲"里，在具体设计创意空间时，我会将这些内容点巧妙地融合并呈现出来。

接下来，展开空间的想象。

序厅：月光丛林

这是一个由光纤与影像构成的光纤花园空间，顶部是明亮的月，序厅里萤火虫慢慢飞舞，月光之下，有一个仰望星空的孩子的雕塑。展厅的序厅是一个能让孩子们发出"哇"的大空间。与此同时，序厅的公共功能集成到了环境当中，成为环境的一部分。

A 厅：萤火天阶

月光渐渐隐去，风渐起，灯光逐渐暗下，梦幻的环境被黑暗取代，战栗的声音渐起，萤火虫奋力飞起，在空中拼出了"HELP"（救命），并在空中搭出一条索桥。

然后是 B 厅、C 厅、D 厅，大家可以自行想象出许多有趣的画面和空间。于是，一个很可能与众不同的"月球博物馆"景象就呈现在了我们眼前。

4.4 内容手册

根据《WW/T 0088—2018 博物馆展览内容设计规范》中的内容设计流

程图（图7），展览设计最核心的部分是展览大纲和展览文本，简单地理解就是：展览大纲是骨架，是灵魂；展览文本是组织，是肌肉，是毛发。但是，在实际的项目操作过程中，规范中的流程场景是理想化的，在博物馆或美术馆内部策展时比较适用，而在遇到规划馆、企业馆、文化馆、专题馆等商业协作、外包等情况时，就必须变通。

传统的商业协作场景是，由于各种原因，比如成本考量、流程因素、项目负责人不了解全流程等，许多展示项目不会花很长时间或根本没有意识在项目前期就把展览大纲和展览文本做好，甚至将基础的资料收集、整理做得很系统的情况都不多。这些基础工作最终都会转嫁到展览展示企业身上，但企业同样要考虑成本因素。在没有明确的商务保障的前提下，他们最多将展览大纲做完，就开始进入设计阶段，用视觉来竞争项目，直到项目签下来之后，才有可能去做展览文本，然后做深化设计及施工。这就给策划带来了巨大的困难。

如果展览文本已经做好了的话，只要安排几次集中的讲解，就可以让所有合作伙伴了解我们的策展意图。但是现在，只有展览大纲和一堆资料，没有展览文本，而我们要将这个展览大纲交接给接下来的工种，如空间设计师、平面设计师、多媒体设计师，甚至新的工种，如舞台编剧、舞美、影片策划、影片导演等，那么该怎样进行展览大纲的传达和资料的交接呢？

传统情况下是这样操作的：来几拨人，你就要讲解几遍，并且不知道他们理解了没有。然后，他们把你的资料拷贝一份，但不知道他们会不会看。运气好的话，碰到愿意看资料、理解力强的合作伙伴，你会省去许多口水。运气不好的话，你要像保姆一样全程跟着，不停地讲解、说明，恨不能把内容灌进他们的脑袋里。这样一来，策划会非常累，信息传送的效率也极低。

先不要急着去埋怨机制及合作伙伴。在机制流程无法变更的情况下，我们可以站在合作伙伴的角度，具体分析一下他们的痛点。其一，策划给出的框架是有问题的，这个问题可能包括没有逻辑、逻辑牵强或不够动人。其二，策划给的资料是凌乱或不完整的，东一块儿，西一块儿，读起来费劲，还不如自己网上搜索来得快。其三，项目时间一久，积累的资料特别多，即使前期搞明白了，在后期内容更新之后也会越来越容易迷糊，所以还是直接问省事。

痛点一和二，前文已经讲过了。针对痛点三，我们需要一个与展览大纲同步，但很简约，又可以实时更新的东西。我的解决方案是：内容手册，即展览大纲的图文解说文本。简单地说就是：策划把自己对整体项目的理解整理成册，供项目团队中的其他人理解消化时使用。它的作用是，统一团队的知识体系结构与项目认知。

它和展览文本的区别在于：内容手册是为了辅助理解，所以，只要是有助于理解项目或内容点的信息都可以放进去，容错性较大，对字数也没有限制，创作比较自由。而展览文本是内容手册的凝练版，它是确切的，是将来在展馆墙面或展板中出现的图文内容，要按照规范写作，字斟句酌，非常严谨。

内容手册具体是怎么创作的呢？

第一步：将展览大纲拓展成文本框架。

一般我们的编辑是在 Word 文档里完成这步的，大家可以好好学习一下 Word 文档的排版方法，如标题的创作、目录的自动生成、页面布局、页码设置等，它的功能是非常强大的。内容手册至少要包含封面、目录和正文，制作好的文档应该是简洁而优美的。

第二步：将资料库中相关的文字与图片填入文本框架中，形成正文。

将你查到的资料文字和图文提取出来，粘贴到对应内容点的标题下，并排好版，做好内容来源的标注。

第三步：附上资料对应的来源，方便内容追溯。

除了需要耐心，这并不复杂。那是不是只需要一个文本就足够了？不完全是。我们还需要一个资料包，内容手册是与资料包一一对应的，内容手册上的每一章、每一节都有对应的树形文件夹，文件夹里除了文字，还会有图片、视频、多媒体等内容，那些不方便用文字和图片表达的内容都在资料包里。

那么，每个项目都要做一个内容手册吗？视情况而定。我们的目的是效率最大化，而不是形式，如果做内容手册反而让你的效率降低了，那就不要做了。但如果你适应了做内容手册带来的便利，那还是要坚持做下去。

5 情绪线的设定与规划

5.1 情绪线的认知

有几个术语请大家先行了解（图9）。

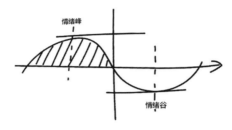

图 9 情绪峰和情绪谷图示

（1）情绪峰和情绪谷

这个很好理解，就是波峰和波谷，情绪的顶点和情绪的底点，即观众兴高采烈和无动于衷的两个点。

（2）情绪差

波峰和波谷的差值。一条直线的情绪差为零，也就是没有情绪变化。

（3）波段

波峰或波谷之间的距离。

（4）波频

在一定时间里反复出现的波段的数量。

（5）总线长

从开始参观到结束的总时长。

　　情绪线的设计其实就是这些基本参数的组合。那么，在实践当中该怎么使用它们呢？

　　在某个核电科普体验项目的头脑风暴中，我构思了这样一条参观情绪线：在观众正式进入参观空间之前，平复观众参观情绪的工作在户外进行——穿过一个个主题装置与雕塑，在观众来到展示空间之前，园艺与景观的结合展示手法已经让他们进入了参观情境。

　　按照常规的做法，接下来应该是一个序厅吧？不，这个工作我已经在户外完成了，所以现在出现在观众面前的是一个充满大量光线的空间，光线从建筑外立面的结构玻璃窗射入，在空间上方因为漫反射形成交错的光柱。当然，主角并不是它们，而是一道从天而降的主光，它打在观众正前方，成为其主视觉吸引点。这个光柱的旁边是一些辅助照射的光柱，它们打在墙面上、地面上，照射之处呈现的是图文版面，记录着人类追求光明的历史……在这个情境里，我希望观众的情绪是被陡然提高的，就像卢浮宫、阿布扎比博物馆与上海明珠美术馆一样，场景所产生的第一印象让人难以忘怀。

　　观众在这个空间驻足的时间不会太久，紧接着，他们会步入下一个参观空间，一个巨大的反转在等着他们：一个极致黑暗的空间。观众在生理与心理上将跌入一种不舒适的情境，就像詹姆斯·特瑞尔的光线艺术所呈现的空间一样，这个空间就是要告诉你，没有光，没有电，人类将处于一种怎样的悲境。当然，在这两个空间里，室内光线与室外光线的设计，以及安全方面的设计将会是对设计师的一大挑战。

　　接下来，在第三个空间中：黑暗之后，豁然开朗，转角之处，一个多彩的世界陡然出现在面前。大家注意到了吗？情绪线从平静到陡然升高，又陡然降低，再从一个原点扩展到无穷大，这就是情绪线的设计过程（图10）。

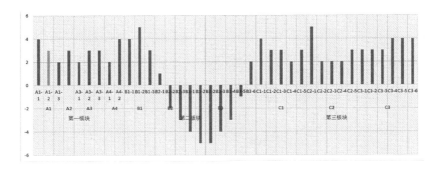

图 10　某主题展览的局部参观情绪线设计

5.2 情绪线的创作

了解完情绪的变化，接下来应该怎么创作情绪线呢？

第一，认识一下情绪立方（图 11），它是情绪的基本参照体系。一般情况下，我喜欢将它划分为十个等级。暖色代表正向情绪，冷色代表负面情绪，并分别赋值 1~5。+1 代表产生兴趣；+2 代表认真接收；+3 代表兴致勃勃；+4 代表兴高采烈；+5 代表热泪盈眶。-1 代表漫不经心；-2 代表略有感伤；-3 代表沉闷压抑；-4 代表伤感哀痛；-5 代表痛哭流涕。

第二，我们需要一条创作好的故事线，如图 12 所示，有故事逻辑和内容比例（方块的大小代表内容的重要性占比）。

第三，给这条故事线赋予情绪值（图 13）。

第四，用绘图软件将它生成图表（图 14）。

第五，将它和故事线放在一起，情绪点和内容点一一对应（图 15）。这样一来，设计师便能理解这个板块所代表的内容和情绪，从而指导他们的空间设计。

+5
+4
+3
+2
+1
−1
−2
−3
−4
−5

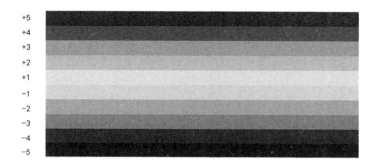

图 11　情绪立方

第一板块
第二板块
第三板块
A1
A2
A3
A4
B1
B2
B3
C1
C2
C3

图 12　创作好的故事线

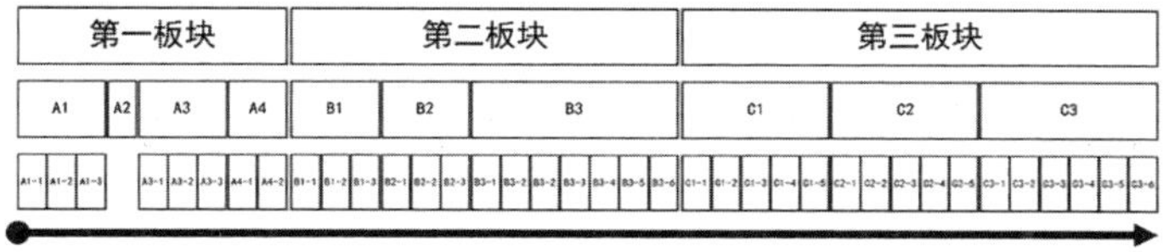

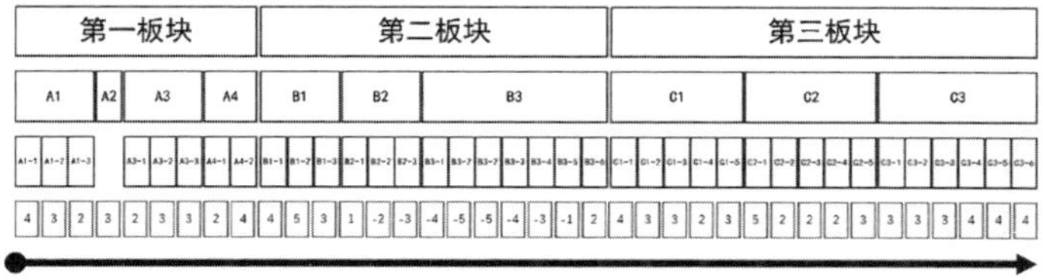

第一板块
第二板块
第三板块
A1
A2
A3
A4
B1
B2
B3
C1
C2
C3
4 3 2 3 2 3 3 2 4 4 5 3 1 -2 -3 -4 -5 -5 -4 -3 -1 2 4 3 3 2 3 5 2 2 2 3 3 3 3 4 4 4

图 13　赋予情绪值的故事线

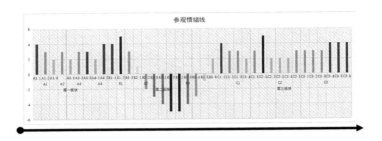

图 14 生成图表

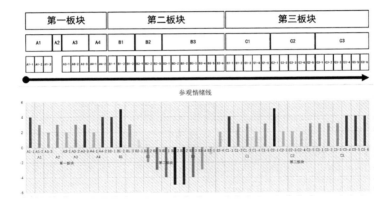

图 15 对应图

情绪线设计遵循着以下几个原则。

其一，主题原则。

不是所有的展示空间都采用通用的情绪设计，安全文化展示空间可以通过惊吓制造情绪反差，但在党建馆当中就不适宜使用这种方式。

其二，跟随原则。

所有的情绪设计都要服从故事线的设计，与故事线完全融合，这其实是策划与设计师的配合中最核心的部分。

其三，冲突原则。

小说要让人记忆深刻就不能是流水账，要有戏剧冲突，所以，情绪的冲突与变化就是我们在设计观展情绪变化中的关键。怎么设计呢？这便是我推荐大家看《观众心理学》和《影视导演基础》这两本书的原因。

其四，总量原则。

在一般的参观过程中，观众的疲倦时间多在 2~3 小时后，情绪激昂的时间大都不会超过半小时，而负面情绪却会萦绕不去，甚至影响人的一生。情绪也是一种能量，这种能量被调用起来后持续时间是有限的，因此，要在有限的时间里去使用，或者释放。

但是，所有的原则其实都是用来打破的。就像一首乐曲，为什么有好听的，也有不入流的？无非是因为作曲家的水平有高有低。但你真要问他们有没有一套一定可以创作出好乐曲的方法，他们一定会像看"傻子"一样看你。策展人就是一位指挥家、一位作曲家、一位作家、一位导演，我们懂规则，但决不屈服于规则，而是随着自己的情绪变化和感情变化调用无穷的素材为我所用。我们是情绪的主人，而不是奴隶。

6 在脑海里构建展厅

6.1 虚拟建模与实景表现

有的策展人认为：术业有专攻，一个好的策划，懂得策略，懂得文案，懂得表述就好，空间是一个复杂的学科，我们完全没有必要介入，越俎代庖。当然，也有另外一种观点：策划不仅需要懂空间，还要懂得更多，不仅要往前走，也要往后走，甚至要达到专业的级别。我个人的观点是倾向于后者的，这并不是一种拍脑袋式的判断，而是从实践中得来的经验。

（1）从工作效率的角度

展示空间的营造是一个系统工程，了解行业上下游乃至整个工作链条中的分工合作，可以让整个团队的效率最大化。在与前端的商务、项目经理沟通的过程中，如果你更了解他们一些，或者你与后端的空间设计师、平面设计师、多媒体工程师、营造团队有更多的信息交集，就可以消除很多工作误差，减少大量的成本浪费。所以，从这个角度看，策划不仅要懂空间，在条件允许的情况下，了解商务、项目管理、营造技艺也是必需的。同样，其他工种也需要有足够大的行业信息扩展面，这样大家才能相互借鉴和融合。

（2）从专业升级的角度

策划从来都不是一种"唯一技能"的工种，其往往需要极强的"融通"能力，就像我一直强调的，策划需要极强的包容性、适配性。多工种的跨界和多学科之间的借鉴，能够为策划提供大量的素材和广阔的视野。而空间艺术作为展示空间整体创意的视觉主力，对它的了解能够极大地扩展策划的思维面和创意度。因此，除了常见的展示空间外，我还鼓励策划去看看商业空间、居家空间、建筑空间、景观空间等类型的空间，当你灵感枯竭的时候，它们会给你带来惊喜。

我有一个习惯，就是看到一个有创意的设计或不一样的东西时，便会把它们记录或保存下来，比如关于空间、装置艺术、雕塑、美术、技术等，然后每隔一段时间就把它们拿出来翻一翻，温习一下。时间久了，许多创意就自然而然地发生了融合和跨界，变成了新的东西。当我们需要创意的时候，它们会自己"跳"出来，对我们的创意创作产生极大的帮助。所以，从专业升级的角度看，懂空间的策划是策划中的"战斗机"。

（3）从个人发展的角度

策划这个工种极强的适配性和高接口性决定了这个工种的发展不拘一格。越到项目后期，策划往往越不像单纯的策划，而会变成团队的领导人、项目经理、艺术家……可以随时在不同的工种和工作场景中切换。这是最理想的职业状态，而其基础就是你要对周边的学科和工种有足够的联动性和跨越性。所以，亲爱的策划小伙伴，要不要懂空间其实不只是空间的问题，也是对未来预期的问题，是个人追求的问题。如果安于现状，十年后，你的人生会是一种什么样的状态？二十年后，你的生活又会是一种什么样的光景？多学点，总是没错的。

那么，策展人眼中的空间是什么样的呢？我习惯在完成一个展示空间的故事线和情绪线设计之后，去看大量的案例空间，寻找空间的灵感，以完成"虚拟空间建模"。当然，你也可以不看别人的作品，完全自主原创。虚拟空间建模不是真的用三维软件建一个模型，而是在自己的脑海里，将你期待的展示空间的样子进行"想象力建模"。从户外到室内，从序厅到尾厅，从展项到互动，在脑海里建一个馆，然后在脑海里模拟参观，优化整个参观过程。

据我了解，许多设计师都会做这件事情，他们在真正动手设计一个展示空间的时候，早就在脑海里把这个展示空间的各个细节想明白了，所谓建模与出图不过是将脑海里的东西画出来罢了。所以，这并不是一个过分的要求，而是"像一个设计师一样去思考"。

当然，我们想的，设计师不一定会接受，那做这件事情有什么意义？我们的目的当然不是替代设计师的工作，而是为了更好地辅助设计师完成他们的空间。多数情况下，即便是一位成熟的设计师，也需要一些灵感与刺激。当你能够与他进行脑力碰撞的时候，会产生"1+1 > 2"的效果。如果团队里有两三个人拥有脑海建模的能力，整个空间会很容易碰撞出火花，实现效果与成本的最佳比。所以，很多时候，我们与设计师讨论空间，就是将彼此脑海里的方案相互融合，最终由设计师完成整个方案的升华与呈现。这个过程充满了创作的快感。

6.2 空间想象力是怎样练成的

有的人从来没学过设计，不知道要找什么样的图；有的人找了很多图，但还是没有感觉。这两个问题，我将之归结为：没有经过系统的空间或美感训练。解决方案是：刻意练习。

第一，养成看馆的习惯。

不管到哪里，我都会尽可能地去当地最大、最好的展示空间参观，如博物馆、美术馆、艺术馆、商业综合体等，在那里拍照，积累素材。并且，我每年都会尽量安排时间，专门去全国各地的新空间"打卡"。

第二，定期更新资料库。

每年的年初，我都会专门收集一下全球最新的设计类书籍，包括案例分享、设计大赏、展会照片等。收集后快速地浏览，找到最近的设计风向。同时，浏览过自然会有一些印象，在碰到项目时，我就能够大致找到对应的参考了。

第三，灵感库的储备与更新。

看到好的设计，不管它跟展馆有没有关系，比如，在手机上看到一张动图或一套很棒的摄影图片，我都会将它们保存到手机里，然后定期整理到我的灵感库中。

第四，设计类软件的学习与应用。

常用的一些设计类软件我都想办法学会了，比如 Adobe "全家桶"、SketchUp、Lumion、Enscape 等，并经常用一些想象的案例进行空间练习。虽然在专业设计师眼里，我画的空间可能很一般，但这个过程其实完成了我对空间的大量想象训练和实景转化。

经过许多年的"刻意训练"，我的空间想象力已经得到了巨大的提升，至少在找图方面已经游刃有余了。强调一点：这个过程是没有终点的，美感的训练也不会完结。可能坚持半年后，你就会有收获，然后再过半年，发现之前找的东西都是垃圾！之后，这个过程会不断地重复、重复，直到对美的追求变成一种本能。

6.3 展示空间的观众容量估算方法

在进行虚拟空间建模的时候需要注意两个细节：一个是观众容量的计算方法；另一个是观展时间的估算。

针对展示空间的观众容量计算，虽然有一些常规的标准和研究，如《LB/T 034—2014 景区最大承载量核定导则》《建筑设计原理》《浅析博物馆客容量的计算与客流的管理》《博物馆场景中的学习设计研究》《博物馆展陈设计与观众注意力研究》《科技馆疲劳的影响因素与对策研究》等，但并不直观，所以，我自创了一个观众容量的推导方法。

我的依据是人体工程学的部分生理数据和心理数据。生理数据之立姿双臂展开：170 厘米；心理数据之公众距离：360~750 厘米；心理数据之社交距离：120~350 厘米；心理数据之私人距离：45~120 厘米；心理数据之亲密距离：0~45 厘米。

将人体的立姿双臂展开数据和亲密距离作为展厅上限人流量的依据，将人体的其他心理数据作为展厅舒适人流量的依据，即：

最佳参观面积：以观众为中心，2.4 米为边长的正方形空间，约等于 5.76 平方米。

上限参观面积：以观众为中心，1.7 米为边长的正方形空间，约等于 2.89 平方米。

极限参观面积：以观众为中心，0.9 米为边长的正方形空间，约等于 0.81 平方米。

为什么不是圆形空间？因为边角空间也要算。因此，5.76 平方米就是我们推荐的单位观众单位参观面积，四舍五入，6 平方米也没问题。

有效参观面积 / 单位参观面积 = 观众容量。

有效参观面积：简单地说就是，可供观众通行、逗留的空间；复杂点说就是，布展面积减去展项投影面积；最科学的说法是，布展面积减去参观边际面积。什么是参观边际面积？参观是需要距离的，最佳参观距离的投影面积加上展项投影面积就是参观边际面积（图 16）。

如果觉得复杂，不想算，估算一下也是可以的。

最佳观众容量 = 实际布展面积 ×n/m，n 代表不同类型空间有效参观面积的比例，根据不同类型的展示空间可按 60%~90% 估算，m 代表观众人均

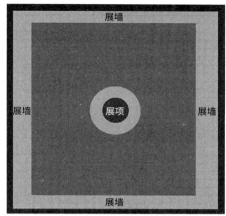

黑框之内为实际布展面积

■ 有效参观面积
■ 参观边际面积
■ 展项投影面积

图 16　参观边际面积示意图

占用参观面积。在实际操作中，可以直接将实际布展面积除以经验数据 7，得到相近的最佳观众容量数据。举个例子：一个 1000 平方米的博物馆，实际布展面积约 800 平方米，参观边际面积约 200 平方米，上限观众容量 =（800-200）/2.89=207 人；最佳观众容量 =（800-200）/5.76=104 人。以经验估算的话，最佳观众容量 =800/7=114 人，估算的数字与精算的数字不会相差太多。

　　展示空间是变化多端的，展示空间的节奏变化，通道的长度、宽度，批处理或散处理，光线，层高，柱子，楔形空间，消防需求等，都会对观众容量产生影响，上面的计算方法只是提供一个解题思路，大家需要针对项目具体核算，不要生搬硬套。

6.4 展示空间观展时间的计算方法

还有一个问题，也是大家经常碰到，但不知道怎样计算的，那就是怎么预估一个展览过程中的观众参观时间。在送上公式之前，先来普及一个概念：观展的信息交互深度。我们在创作展示空间的时候，一般会通过标题、图文、影像、互动多媒体、体验互动等方式的组合来丰富展示空间的参观体验。但在实际观展过程中我们发现，不同类型的人对一个展示空间的信息交互程度是完全不同的。散客有四类常见的观展行为。

走马观花型。大多数观众属于这类人群，只图大的空间感受和新鲜感，浅尝辄止，在感兴趣的展项或空间稍做停留，拍几张照片，然后快速通过。对这类人群产生最大信息传送效果的是一级目录、二级目录及空间感性体验。

细嚼慢咽型。这类观众在观展全程都会仔细观看各项展示内容，并进行思考与整理。这是我们在做设计时所称的"理想体验型"，多见于学者、专家，但实在不多。对这类人群产生最大信息传送作用的是图文、影像及互动体验类项目。

避轻就重型。这类人在观展过程中会在重要节点停留、观看，比如影院、大型艺术装置、主秀等空间，而在其他空间会浮光掠影式通过，常见于文艺青年、青少年儿童等。对这类人群产生最大信息传送作用的是图文、影像类体验展项。

一针见血型。这类人在观展过程中会直奔主题，然后快速离开，与走马观花型相似，多见于 VIP 动线的领导、大客户群体。对这类人群产生最大信息传送作用的是主秀影像类体验项目。

了解了以上四类人群，观展时间的计算方法也就呼之欲出了。

（1）走马观花型（T_1）

$T_1 = L/S$

式中，T_1 为观展时间，L 为动线总长，S 为平均参观速度。S 参见人体工程学数据（表3、表4）。

表3　最大无阻碍行走速度和通行速度（k^n 指水平疏散参数）（资料来源：《GB/T 31593.9—2015人员疏散评估指南》）

疏散通道		k^n	行走速度 m/s	通行流速 人 / (m·s)
走廊，过道，斜坡，门口		1.40	1.19	1.3
梯级高度 mm	梯级宽度 mm	—	—	—
191	254	1.00	0.85	0.94
178	279	1.08	0.95	1.01
165	305	1.16	1.00	1.09
165	330	1.23	1.05	1.16

表4　人员行动能力分类（资料来源：《世博场馆规模研究》，周卓艳、陈易）

类别	人员特点		人群的行动能力（平均步行速度 m/s）	
			水平疏散	楼梯向上疏散
1	对建筑的位置、通行路线不熟悉的人员	旅馆的客人、商店的顾客及通行人员	1.0	0.5
2	对建筑的位置、通行路线熟悉且身心健康的人员	建筑物内服务人员、保卫人员等	1.2	0.6
3	不能自己行动的人员	重病人、年老体衰的人员、幼儿、精神病人、残疾人员	0.8	0.4

大家可以根据实际情况选取 S 值，但在一般情况下，典型的未受阻碍的行进速度大约为 1.2 米 / 秒。

(2) 细嚼慢咽型（T_2）

$$T_2 = T_1 + (t_1 + t_2 + \cdots + t_n)$$

式中，T_2 为观展时间，T_1 为走马观花型观展时间，t_n 表示展示空间中各重点展项的预估体验时间。

但是，根据《中国科技馆新馆观众调查报告》，展览规模与观众的参观时间并不完全成正比。即使展览规模再大，观众的平均参观时间也仍为 2~3 小时。而国外一些科技馆的研究结果也表明，观众平均参观时间为 2~2.5 小时，由此可见，观众平均参观时间的长短具有普遍性，可能是因为观众在持续参观展览一定时间后，对信息感到饱和了，从而产生了"博物馆疲劳"。

请大家注意，T_2 参观总时间是有上限的。

(3) 避轻就重型（T_3）

$$T_3 = T_1 + (t_1 + t_2 + \cdots + t_n) \times E$$

式中，T_3 为观展时间，T_1 为走马观花型观展时间，t_n 表示展示空间中各重点展项的预估体验时间，E 表示展项参与程度的百分比。当 E 趋近于 0 时，就是 T_1 参观型，E 趋近于 1 时，就是 T_2 参观型。E 值在不同展示空间中的数值是完全不同的，非理性统计的 E 的峰值分布在 0.3~0.6，而且同样受到"博物馆疲劳"的影响（表 5）。

T_3 是典型的参观行为时间值，可以作为参观时间中间值。换句话说，当有人问这个馆大约需要多长时间看完的时候，你可以回答"T_3 左右"。

表 5　观展时间比例（资料来源：《中国科技馆新馆观众调查报告》）

参观时间	人数（人）	比例 (%)
1 小时以内	26	2.55
1~2 小时	186	18.25
2~3 小时	365	35.82
3 小时以上	442	43.38
合计	1019	100.00

（4）一针见血型（T_4）

$$T_4=T_1+t_x$$

式中，T_4 为观展时间，T_1 为走马观花型观展时间，t_x 表示特定展项的参观时间，常见于 VIP 动线。

以上的计算是参观时间的理论估算，在实际运营过程中，参观时间的控制非常复杂，会因室内外环境、动线对冲、地形、通道大小、人群密度的不同，产生完全不同的结果。

以人群密度为例：当人群密度达到 1.2 人 / 平方米时，观众的步行速度会明显下降，并出现滞留现象。当滞留加重时，会产生"群聚效应"，也就是通常所说的"看热闹效应"。当人们之间的距离大于 1.6 米时，行进速度不会受到影响。当人群密度超过 3.8 人 / 平方米时，参观将无法进行。所以，在纸面上预估时，大家可以参考套用前文所述的公式，形成理论值，但实际参观时间还是要等到实际运营后才能准确估算并调整。

7　包装并呈现你的策展方案

做展示策划方案的时候，我对自己有一个标准化的要求，策划方案须达到三个要求：准确、完善、动人。

7.1 展示策划方案的"准确"

不管你思考到什么程度，你呈现给甲方的方案内容一定要准确：有依据，有来源，不能信口开河、胡编乱造；确保资料有合理的出处，不能引用那些来源本身就有问题的资料；修饰要有度，不能歪曲原意；文本要经得起推敲，没有错别字，符号符合规范。凡此种种，为准确。

7.2 展示策划方案的"完善"

方案的"完善"指完整、清晰、通顺，要做到这一条需要注意以下三点：第一点是自己想明白；第二点是方案要表达完整；第三点是让受众听懂。

（1）自己想明白

这一层指的是你对自己观点的把握与了解。这大概是 80% 失败方案的通病，自己都没想清楚这件事情怎么做，还指望甲方能通过。有些策划在做方案时，总是习惯边想边写，边写边改。但我推荐的方式是，先想清楚整件事情的逻辑和表达策略，然后再动手。

（2）方案要表达完整

在创作前期，你可以没有成形的 PPT，但是要有框架和逻辑；如果连框架和逻辑也没有，那至少要有策略和方向；如果连策略和方向也没有，资料包和工作过程一定要是完整的。这个完整指的是每个阶段工作细节的完整，这是对交流对象的尊重，也是自己的职业操守。

举个例子，在制作汇报 PPT 时，可以包括以下内容。

封面：说明讲述内容。

什么项目？方案到了哪个阶段？什么时候做的？谁做的？所以，一般要有项目名称、方案名称、时间、创作者，以及一些主题。很多策划最常出现的状况是，要么只有一个馆名"××科技馆"，要么只有一个方案名"××策划方案"。

目录：呈现讲述逻辑。

整个方案由几个板块构成？方案的逻辑是什么？

分页：控制讲述节奏。

当它出现时，就意味着新章节的出现，我们的表达进入了下一个环节。段落感会让方案的表达更有节奏，也更方便受众理解。

正文：阐述观点。

在一页中，要有一张图、一句话、一个观点。这是我强烈希望大家能够做到的，因为你的方案，每一页都需要有一个重心。这样的方案就是比较完整的了。

（3）让受众听懂

这层含义指的是将信息精准地输送到受众心里。一定要调查受众，不同地区、不同性格、不同爱好的群体，他们的思考方式和逻辑是大相径庭的。如果受众是政府领导，可能要从一个城市的格局来切入；如果是企业领导，可能要从行业的角度切入；如果是文艺青年，我们可以"玩"些意境；如果是传统人士，可能就得从"儒释道"上寻找切入点了。

千人千面，不同的人，我们的讲述逻辑与方式完全不同。所谓的高手，是可以根据一些迹象，如表情、语句、姿势判断受众的情绪和感受，并及时调整自己的汇报策略和逻辑的。这些调整的最终目的就是"达"，达意，准确无误地送达自己希望传递或者对方希望得到的信息。

7.3 展示策划方案的"动人"

动人，一是指页面设计要优美，二是指方案要吸引人。

什么是优美？你的方案所呈现出来的整体气质是严谨、完整、通顺的，是经过设计的，能够让人预先读懂你想要表达的内容。现在很多新手普遍存在一个问题：PPT做得太不美观了。具体包含两层意思：第一，表意不清，页面里的内容过多，且没有信息的重点排序；第二，界面丑陋，没有基本的页面规划，文字杂乱、结构杂乱、图片杂乱（图17）。

图 17　排版不太美观的 PPT 页面

作为一个策划，最终要有效地输出信息，可是这样的 PPT，实在让人没有阅读的欲望。关于平面排版，我总结了一个"十字秘诀"：精简、对齐、分组、强调、美化。以图 17 的页面为例，我们进行第一步：精简。从这些混乱的信息中整理出核心内容，如图 18 所示。

第二步：对齐。左对齐、居中对齐、右对齐都可以，看你自己的选择（图 19、图 20）。

图 18　精简后的页面

图 19　左对齐（1）

图 20　左对齐（2）

第三步：分组。将不同的信息根据相关性分门别类，并调整上下位置（图21、图22）。

至此，信息还是没有被凸显和强化出来，所以要进行第四步：强调。可以通过调整字体的大小、粗细、颜色、结构化设计等方式来强调，最简单的方式其实就是"傻大黑粗"（图23、图24）。不同的调整方式可以实现不同的传播效果。

最后一步：美化。如果你没学过平面设计，到上一步就差不多了，但如果你的追求更高，可以学习一些简单的排版技巧，让页面更加美观、自然（图25）。

图21 分组展示（1）

图22 分组展示（2）

图 23　"傻大黑粗"的方式（1）

图 24　"傻大黑粗"的方式（2）

图 25　美化后的页面

　　精简、对齐、分组、强调、美化是我们对具体页面"信息强化"的一种工作方式，其最终目的是让我们的观点逻辑清晰，以轻重适宜的方式呈现在观众眼前，使我们的工作成果最大化。页面排版的背后所隐藏的工作思维，其实遵循着一个极为简单的原则：阅读者的视线引导。人们看东西总会有先后之分，遵循着自己的阅读习惯，如果将观众视线变化的节奏掌握在我们手里，会非常有利于内容的高效输出。PPT 页面的设计只是内容传播表现的一个缩影，其本质是我们面对一个庞大、繁杂的信息体系时所给出的解决方案。

　　精简、对齐、分组、强调、美化在工作模型里代表着另外五个词：精简——凝练；对齐——类比；分组——归类；强调——突出；美化——拔高。

　　如果像精心设计 PPT 页面一样去优化策展大纲、论文、演讲、汇报影片、策划设计方案，会是什么样的呢？以策展大纲为例：凝练——将一堆书变成一句句话；类比——寻找一句句话之间的相互关系；归类——根据它们的关系组团；突出——展示组团的轻重与情绪线；拔高——从新的高度进行演绎。

　　以一段五分钟演讲为例：凝练——剔除无效、低效内容；类比——通过对比找到演讲的重点；归类——根据演讲的逻辑次序排序；突出——演讲的观点包装；拔高——从新的高度看演讲主题。

　　它们都有着类似的思考方式和逻辑。凝练、类比、归类、突出、拔高，是一种工作方式，更是一种工作模型。如果你能熟练地使用这个工作模型，会让你的工作过程变得有条不紊，工作效率也会大大提高。

　　什么是吸引人？突破观众的认知，激发观众的情绪，让他们进入另外一种情境里，从而对你的方案产生极致的认同。怎样做到吸引人？用观点！展示策划或策展人要进行自我表达，所以，你需要一个观点：地球是圆的；蜜蜂是社会性的动物；陶瓷，是火的艺术……观众是人，我们也是人，不要为了标新立异而制造对立，不要为了炫技刻意使用复杂的做法，说我们最想说的，那些从心里流淌出来的东西，最吸引人。

怎样产生观点？如果你想拥有一个观点，你得学会独立思考。如果要独立思考，你得博采众长。要博采众长，你得多看看，多走走，多想想。要看、要走、要想，你得聪敏、持续学习，把自己打开。而打开的关键就在于，你是否拥有自由的灵魂。

评价策展人当然是有无数的维度的，有学识上的、技巧上的、表达能力上的等。但如果只以一个标准来衡量的话，我想应该是自由的灵魂。所以，如果你没有自由的灵魂，那你的方案是无法打动人的，而你，更可能无法成为一个优秀的策展人。

7.4 提案吧，策展青年

方案做完，就要提案了。

（1）注意事项

第一，重视你的汇报，要么不做，要么认真做。大多数情况下，提案"翻车"是因为你的重视程度不够，准备不充分、状况百出，结果甲方觉得你不专业，你自然不会中标。然后，你会不自信、惶恐，结果方案又出问题，恶性循环。如果你决定做一个项目，请一定以最大的诚意对待它，因为它会以最大的诚意回报你，即便不是现在，也会在将来。把自己的情绪放到项目中，放到提案中，或悲伤，或激情，或快乐，或梦幻，你要自己先进去，然后再带着别人进去。如果你做不到，那大约是因为不够热爱，不愿意追求那一点点突破的"极致"。

第二，别说废话。我们习惯性地想表达许许多多的东西，恨不得将自己能想到的全告诉甲方，让对方觉得我们很用心。所以，许多策划在提案时，会在前面的背景分析、定位、故事线上花费大量的时间，等被提醒时间不够时，只能草草地将后面的内容播放一遍，最终苦了辛苦建模、渲染的设计师。绝大多数情况下，你对项目的认知是比不上甲方的，那些想法在写方案时用来凑页数可以，但你若讲出来，大多数的甲方心里都是翻白眼的，除非你有把握超出甲方原有的认知很多，并且对方并不反感。所以，想办法把原本不太重要的东西总结成几句话、几张图，然后一句话配一张图，既有力量（power），又有重点（point），这才是 PowerPoint。如果你不知道应该怎样控制时间，那就自己掐好表，反复讲，控制住节奏，把时间留在重点和亮点上。

第三，别不懂装懂。因为有人比你懂。甲方会请专家、顾问，总会在某方面比你厉害一点点。我们是展览展示的专家，讲我们这个领域的就好，这是我们擅长的。

（2）细节

1）道具

① 一台性能稳定的笔记本电脑

　　a. 保证硬件性能，播放方案的时候出现卡顿会十分影响情绪和节奏。

　　b. 给它安装一个稳定的系统，不要经常出状况。

　　c. 多试几次，查看音频和视频是否都能正常播放。

　　d. 检查好 PPT 的版本，看它是否设置了自动播放。

　　e. 把自动熄屏时间调长，以免影响提案节奏。

　　f. 给笔记本充满电，并带上电源线。

② 工作用的笔记本

和家用的分开（可以的话）。

③ 无线鼠标

比起触摸板，它的效率要高太多，万一激光笔出问题，还可以拿它应急。

④ 一个接口丰富的转换 HUB

HDMI、VGA、TYPE-C、雷电接口……

⑤ 一个可以"指点江山"的激光笔

如果你擅长身体语言，激光笔就能解放你的身体，让你像 TED 演讲一样自若，而不会被鼠标困在电脑前。

⑥ 一个可以随时记录的笔记本和笔

随时记录你可能出现的灵感和疑问，不然你会发现自己在会场双手无处安放，显得特立独行。

⑦ 几根备用的笔

黑色圆珠笔和铅笔，万一圆珠笔没油，还有铅笔救场，每次出发前检查一遍。

⑧ 几张不同容量的 TF 卡 /U 盘和读卡器

万一需要拷贝资料，随时可以拿出来，或者把资料留给别人。

⑨ 随身 Wi-Fi

有些电脑或平板自带插卡口，那会方便一些，但如果没有，又觉得用手机热点比较麻烦的话，就带个上网设备，随时联网。

⑩ 不同接口的数据线

Lightning、Type-C、Micro USB 等，每样带一根，或带复合型的。

⑪ 如果你是设计师，带上一个迷你测距仪

临时找不到尺，你会后悔的。

⑫ 一个充电宝

⑬ 一个可以收纳上述一切的收纳包

⑭ 可以的话，带上自备的投影仪

⑮ 两人同行，最好带两台电脑

2）提案前准备

① 如果你不是高手，就老老实实地在家里演练几次甚至几十次，练习时请出声，因为实际上你根本做不到脑海里提案的那个水准。

② 事先了解汇报对象的性格、习惯与禁忌。

③ 多准备几个备份，线上、U 盘、电脑，有条件的话，NAS 里也放一份。

④ 准备一个 PDF 版本。

⑤ 单独准备一份演示视频。

⑥ 清空播放器里的播放清单。

⑦ 电脑桌面单独放一份演示文本。

⑧ 下线所有即时通信工具。

3）提案现场

① 提醒自己和队友关掉手机或静音，不要调成振动，最好关机，否则桌子"颤抖"或某个应用突然发出声音时，所有人的注意力都会被分散。

② 演讲的语气可以多一些变化，加上肢体语言和表情。

③ 观察听众的神情，随时调整演讲策略。

这是我经历了大约一千多次提案总结出来的经验，基本上，每一条经验背后都有个小故事。下次提案，希望你一击即中。

8 展览文本的写作

在展示项目落地的阶段，对展示策划而言，最重要的工作就是展览文本的写作。展览文本就是内容手册的规范、严谨、精简版，具体写作时建议按照《WW/T 0088—2018 博物馆展览内容设计规范》的要求进行创作。例如，文本的构成如下。

展览名称：馆名或展览名。

前言：一般是对馆的来龙去脉的基本介绍或感性的文字说明。

部分、单元及展品组：展区、展项组、展项的逐级说明。

知识窗：扩展知识说明。

展品说明牌：根据《GB/T 30234—2013 文物展品标牌》，展品标牌内容的构成应包括主项、副项、辅助项及类目项。这些文字说明以标牌的形式置于文物附近，通过科学、具体、真实可靠的语言和配图为观众提供展品蕴含的信息，帮助观众使用展品的相关配置工具。标牌的语言文字，如汉语中的简化字、异体字，碑别字，古文字及注音，少数民族语言文字，英语及其他语种的使用都有相应的要求和标准。

译文：文本的外文翻译，常见为英文。

结束语：展馆出口或展览尾部对展览的总结性文字。

创作展览文本，最重要的其实是标准及严谨。所以一般情况下，我建议在制作展览文本之前，最好先定制一个专属于这个项目的文本编制标准规范，供团队所有人遵循。然后，再根据文本框架，逐级展开，认真创作（表6）。

表 6 文本编制标准

标题	标题一（黑体，小二号，居中） 标题二（黑体，四号，居左） 标题三（黑体，小四号，加粗） 标题四（黑体，五号，加粗）
正文	微软雅黑，五号，单倍间距，首行缩进两个字符
编号	使用阿拉伯数字编号
图片	高度不限，宽度设定为 12 厘米，居中，采用"嵌入文本行中"方式，在多图情况下，总宽度控制在 12 厘米
表格	文字采用小五号，宋体，居中
参考标准	《WW/T 0088—2018 博物馆展览内容设计规范》 《GB/T 15834—2011 标点符号用法》 《GB/T 15835—2011 出版物上数字用法》 《GB/T 30234—2013 文物展品标牌》 《CY/T 118—2015 学术出版规范一般要求》

8.1 展览名称

告诉观众，他们正在参观的是什么馆，名字是什么，主题是什么。比如玻璃博物馆、英雄本色经典回顾展、时代风华——百年服饰大展。

8.2 前言

前言的作用是开篇明义，就像文章的序、一个人的自我介绍。一般要讲清楚以下几个点。

① 为什么要做这个馆或展

② 建馆、布展的来龙去脉

③ 建馆、布展的目的

④ 主题或主要的内容规划

⑤ 感性的表达

比如，鸿山遗址博物馆的前言："吴地，是以今天的无锡和苏州为中心，在环太湖地区所形成的一个卓然而独立的地域文化单元。早在六七千年前，远古先民就在这块土地上生息和繁衍，创造了太湖流域辉煌灿烂的史前文明。马家浜文化、崧泽文化、良渚文化、马桥文化……在绵延不断的发展轨迹中勾勒出吴文化最原始的脉络。"

除了整馆有前言，分展区和展项也可以有前言，其内容与作用都基本相似。比如，上海市历史博物馆第一展厅《海上初曙，远古华章》的前言："上海从哪里来，谁是最早的上海人，上海为何成为上海？自马家浜文化先民第一次踏上这片土地劳作生息；到崧泽文化创新发展、承前启后；良渚文化高度发达、迎来辉煌；后来的钱山漾、广富林、马桥各时期，多元文化交融，走向新生。"

8.3 标题

在信息接收的层级里，标题的层级是靠前的。一般情况下，观众都是先看到一级标题，产生兴趣后再看二级标题、三级标题。所以，标题的写作在信息传递过程中非常重要，担负着抓眼球和正确达意的重要责任。它的常见写法有以下几类。

第一类：平铺直叙。丁是丁，卯是卯，是苹果就写苹果，是青铜器就写青铜器，不经修饰，直接表达。

第二类：文字修饰。太直白会显得不够含蓄，没有内涵，所以可以对文字进行一些修饰，比如，"酿酒历史"可以写成"千年一醉""百世醪糟""摇晃的华夏"。

第三类：情感呼唤。因物生情，因情发声。比如，"酿酒历史"还可以写成"酒香不愧千年魂""物我两忘问太白"。这类写法一般比较晦涩，需要观众有一定的文学修养。

第四类：脑洞写法。非严肃的文字写法，类似于江小白的文案，很有趣。比如，"乾隆潮，下一个江南""扑哧，吧唧"。

第五类：融合写法。这也是比较常见的一种写法，比如"剑南问道——我以一心祭仪狄"。

以上五种写法没有优劣之分，只需根据我们对受众的理解来进行创作。一位严谨的学者，平铺直叙可能适合他；一个感性的艺术工作者，情感呼唤可能适合他；一个幼儿园的小朋友，可爱的写法可能更适用；而潮流青年，"脑洞"写法可能更吸引他们的注意。

8.4 正文

正文是信息的载体，指的是展板上的图文，也包含展品的介绍文字。它的写作方式与标题的写作方法类似，一般也有五类。

第一类：功能性写法。老老实实的写法，就像写手机参数一样。某年诞生、高几许、长几许、重几许……

第二类：修饰性写法。美化文字的写作方法，有时用排比，有时用对仗，有时旁征博引，有时引经据典，文笔变化万千。

第三类：情感性写法。比如，"在企业的百年历程中，品牌几经变迁，既有过皇室赞誉的盛期，也有过被动乱冲击的低潮，不变的是坚持研发的坚韧品性、孜孜不倦的品质追求"，带入了策展人自身的一些情感。

第四种："脑洞"式写法。与标题所述的写法相同。

第五类：复合式写法。将上述几类写法融合的方法。

欧美的博物馆往往有一个专门的工种来进行文字的写作——作家（writer），针对同样的物品，不同的人写出来的东西，可读性完全不同，趣味性也相差极大，所以需要专业的作家写作。但是我国博物馆的文字一般由专业文案人员来创作，虽然他们大多也接受过专业的创作培训，甚至大多是文学系或传媒专业出身，但因为受到的创作限制比较大，所以我们在传统博物馆里看到的文字往往是比较严肃和无趣的。近些年，这种情况已经有了很大的改观，在大运营的趋势下，很多博物馆的文字也变得越来越有趣了。

8.5 译文

设置译文主要是为了满足非中文语种的观众的观展需求，以英文为主，有时候也会根据展馆的主要受众增加日文、韩文、法文、俄文、盲文等。需要注意的是，常规译文，一般的翻译人员即可完成，但如果展览涉及特别专业的术语或展品，一般需要外部专业翻译团队的支持。

8.6 结束语

参观结束后，总要有一个结尾才显得参观的过程是完整的。结束语一般位于展馆或展览的出口处，会以言简意赅的方式总结整馆，或理性，或感性，或兼而有之，与前言形成呼应。

9 开馆只是一个开始

据国家文物局的数据，截至 2016 年底，我国共有博物馆 4873 座；截至 2020 年底，全国备案博物馆有 5788 座。截至 2017 年底，我国共有公共图书馆 3162 个、文化馆 3327 个、档案馆 4237 个（《中华人民共和国 2017 年国民经济和社会发展统计公报》）；截至 2015 年底，我国共有科技馆 444 座（《科技日报》：《中国的科技馆建设与运营情况分析》）。另有规划、企业类展示空间，保守估计，成规模的展示空间总数超过 20 000 个。所以，如果能把它们的能量释放出来，文化价值和商业价值将非常惊人。

在过去的几十年甚至上百年里，大多数博物馆支出由国家财政负担，只有少量的博物馆里有商业行为。最近几年，在"大文化"战略的影响下，国家希望公共文化空间能够通过运营实现部分自给自足、全部自给自足，甚至业绩持续增长。在这样的趋势下，馆方开始进行市场化探索。然而，想要市场化，首先碰到的就是思维问题。

9.1 用运营思维打造展示空间

前文已经谈到运营思维的前置，而运营思维与创作思维是两个相对的概念。接下来，我们用一个陶瓷博物馆的案例来说明运用两种不同的思维来创作有何区别。创作思维的从业者大概会交出如下方案。

定位：展示空间受众 ××，建设目标 ××，打造城市会客厅……

内容：陶瓷历史、陶瓷工艺、陶瓷艺术。

展示逻辑：

A 史话陶瓷

A1 世界陶瓷史

A2 中华陶瓷史

A3 本地陶瓷史

B 匠心之造

B1 选矿

B2 备料

B3 成型

B4 上釉

B5 烧制

B6 包装

C 彩纳中华

C1 形体

C2 色彩

C3 纹样

之后，细化三级和四级目录，微调其前后逻辑，美化文字。最后，加上序厅和尾厅，一个陶瓷博物馆的基本展示逻辑就出来了。从整体看来，这其实就是学术型的策展大纲。当然，不同展示策划或策展人讲故事的方式不太一样，但基本上都是如此。

接下来是做空间。目标是一个内容、体验、科技与艺术融合的标杆之作，于是，设计师按照策划的故事逻辑以及展品的情况进行平面布局及空间设计。各方就位、各工种协调，一两年之后，展馆建设完成，开馆当日热闹非凡，观众齐聚一堂。

　　然后，就结束了。因为"创作思维"只管到这里，至于往后如何就不是他们的事了。从创作思维的角度来看，用这种方式的确可以创作出很不错的作品，这些作品甚至还有机会问鼎"十大精品"。但是，从运营思维的角度来看，这类展示空间极少拥有自我造血能力，还存在很多问题，甚至赔本赚吆喝。

　　那么，以运营思维为核心创作的陶瓷博物馆有什么不一样呢？用运营思维创作展示空间同样不能脱离内容主线。内容故事线可设定为：大地的历程—火焰的方程—双手的旅程。"大地的历程"是一个自然地质馆，"火焰的方程"是一个陶瓷科技馆，"双手的旅程"是一个陶瓷艺术馆。然后，将每个小馆单独进行策展。

　　把一个大馆拆成三个小馆就是运营思维了？当然不是。之所以这么做是因为，如果陶瓷博物馆面积足够大，有几万甚至几十万平方米，我们可以打造一个"陶瓷文化聚落"。相较于单馆，聚落会让潜在游客觉得他们是去一个乐园，而不是参观一个孤零零的馆，这样所产生的吸引力就不同了。

　　如果陶瓷博物馆面积不大，只有几千或者几百平方米，那么可以将三个馆放到三个不同的空间里。比如，展示空间只做"双手的旅程"（陶瓷艺术馆），在展示空间的前序空间做"大地的历程"和"火焰的方程"。把"大地的历程"放到户外，在景观上做文章；把"火焰的方程"放到一个单独的小空间，用于多媒体影像体验。这样也可以实现聚落的效果。

　　而如果只有一个孤零零的一千平方米的展示空间，还可以这么做吗？也可以。别忘了，还有线上空间。三馆之下，二级展示目录大体如下。

　　A 大地的历程

　　A1 山海

A2 造物

A3 采掘

B 火焰的方程

B1 燃烧

B2 温度

B3 晶变

C 双手的旅程

C1 色彩

C2 图案

C3 审美

传统的策展思路大概会将山海、造物、采掘变成图文板、多媒体、展品等展项，但是采用运营思路，可以按照以下原则将内容点变成业态。

第一原则：趣味性原则。

趣味性原则是指将原本枯燥的文本、内容变成有趣的体验点。比如"采掘"，可以安排一个挖掘体验的项目，让小朋友拿着特定工具，在特定场地里挖掘"矿石"——除了高岭土，还可能挖到长石、水晶，甚至珍贵矿石。如果空间允许，在户外安排一个独立的空间也完全可行，像美国的钻石坑公园那样，挖到的矿石全归游客。

第二原则：消费性原则。

消费性原则是指体验点不仅要好玩、有趣，还要让游客产生购物的冲动。以"采掘"为例，观众可以用手挖掘，但是用工具的效率更高，那么租赁一套工具就可以收费。挖出来的矿石可能需要鉴定，也可能需要加工成工艺品，而这些增值服务都是可以收费的。甚至，我们还可以回购他们挖出来的矿石，如果运气足够好，也可以赢利。这就是消费性原则。

第三原则：艺术性原则。

艺术性原则是指不能把项目做得太低端，在赢利的基础上，要让游客感觉有内涵。以"采掘"为例，做馆的目的是传播，整个挖掘场可以设计得像《天工开物》里的场景，把挖掘的工具设计成"洛阳铲"，把淘洗的工具做成"竹簸箕"，等等，把内容完全融入空间，并且让空间具有美感。这就是艺术性原则。

遵循趣味性、消费性和艺术性原则，逐渐地将策展的二级和三级目录变成一个个"展示业态"，会有什么可能性呢（表7）？

表7 展示业态

内容	业态
山海	公园、游乐场、户外拓展体验……
造物	手工作坊、游戏厅、培训课……
采掘	挖掘体验、巷道过山车……
燃烧	多媒体影像、龙窑夜游、篝火营地……
温度	温差集市、互动游戏……
晶变	陶瓷实验室、陶瓷与玻璃……
色彩	彩色狂欢节、东方"童画"……
图案	脑力 PK、青花图书馆……
审美	临展空间、陶瓷论坛、陶瓷市集、陶瓷茶市……

很多人会疑惑，传统博物馆里的那些展项、展板、互动设施、展品哪里去了？其实它们都在，只不过融合到各个业态空间里去了。将这些可能的空

间用游客动线串联在一起，就变成了一个"陶瓷文化聚落"。但是，虽然现在这个名字可以传播了，但还不够，我们可以给它设计一个新的品牌。

回顾整体项目，我们可以叫它"陶源里"。那么，它是不是一个陶瓷潮流文化集散地？是否承载着城市文化？能否变成一个可以复制的城市IP？能不能成为一个城市的门面与象征？至此，关于这个陶瓷博物馆的外部边界才真正地被展开。

这就是运营思维给展示空间带来的全新的可能。据此，我总结了四个关键的思路切入方式：第一，把空间放大到展示空间周边；第二，把内容转换成有趣的业态；第三，把体验转化成营收消费；第四，把管理转化成IP运营体系。运营思维从始至终都不是在"点"的基础上策划展示空间，而是在"大空间、广义运营"的尺度上进行构思。

9.2 展示空间的运营框架

在思维方式改变的过程中，实际遇到的还有具体运营问题。一般情况下，展示空间的运营可分为广义运营和狭义运营。狭义运营虽名为"狭义"，但其运营是十分复杂和细致的，每个展示空间根据本身条件的不同也会大有差异（图26、图27）。

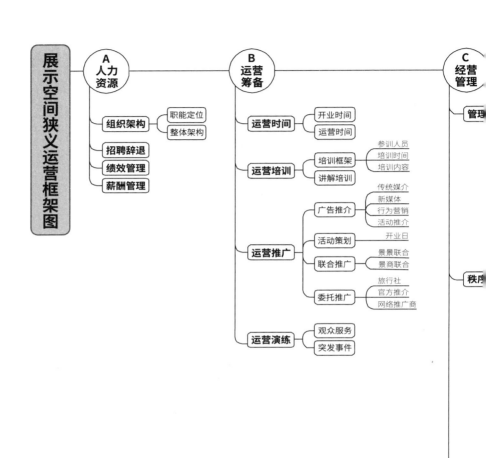

展示空间狭义运营框架图

A 人力资源
- 组织架构
  - 职能定位
  - 整体架构
- 招聘辞退
- 绩效管理
- 薪酬管理

B 运营筹备
- 运营时间
  - 开业时间
  - 运营时间
- 运营培训
  - 培训框架
    - 参训人员
    - 培训时间
    - 培训内容
  - 讲解培训
- 运营推广
  - 广告推介
    - 传统媒介
    - 新媒体
    - 行为营销
    - 活动推介
  - 活动策划
    - 开业日
  - 联合推广
    - 景景联合
    - 景商联合
  - 委托推广
    - 旅行社
    - 官方推介
    - 网络推广商
- 运营演练
  - 观众服务
  - 突发事件

C 经营管理
- 管理
- 秩序
- 绩效

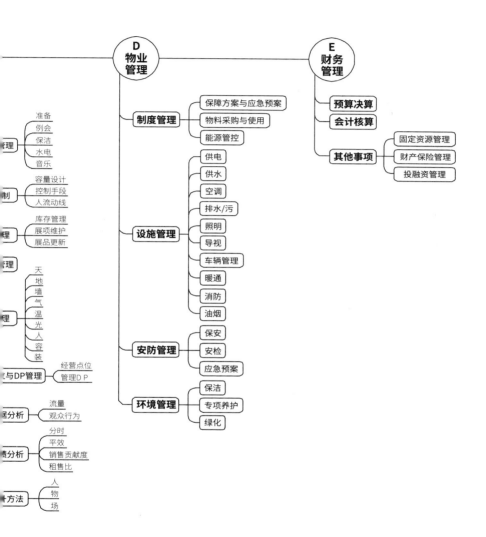

图 26　狭义运营框架图

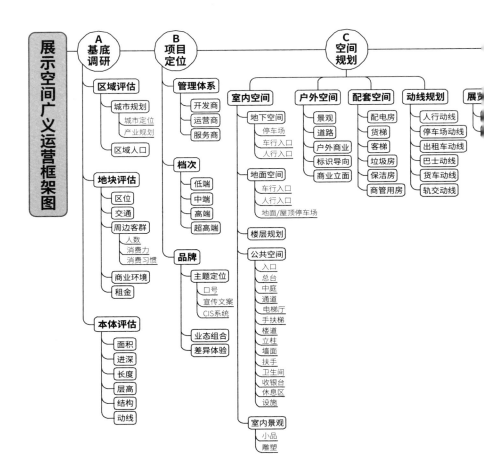

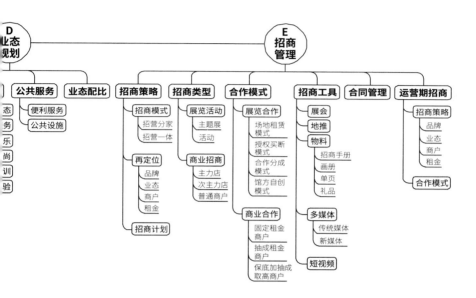

D
业态规划

- **公共服务**
  - 便利服务
  - 公共设施
- **业态配比**

态
务
乐
尚
训
验

E
招商管理

- **招商策略**
  - 招商模式
    - 招营分家
    - 招营一体
  - 再定位
    - 品牌
    - 业态
    - 商户
    - 租金
  - 招商计划
- **招商类型**
  - 展览活动
    - 主题展
    - 活动
  - 商业招商
    - 主力店
    - 次主力店
    - 普通商户
- **合作模式**
  - 展览合作
    - 场地租赁模式
    - 授权买断模式
    - 合作分成模式
    - 馆方自创模式
  - 商业合作
    - 固定租金商户
    - 抽成租金商户
    - 保底加抽成取高商户
- **招商工具**
  - 展会
  - 地推
  - 物料
    - 招商手册
    - 画册
    - 单页
    - 礼品
  - 多媒体
    - 传统媒体
    - 新媒体
  - 短视频
- **合同管理**
- **运营期招商**
  - 招商策略
    - 品牌
    - 业态
    - 商户
    - 租金
  - 合作模式

图 27　广义运营框架图

在项目的实际运营策划与规划过程中，即使是成熟的团队，也需要用一两个月，并和团队进行高效头脑风暴，才能完整地将一个展示空间的可操作运营体系呈现出来。接下来，我们以主题展览的全运营过程为实例来进行说明，大家会发现它和传统的策展方案及过程的不同之处。整体操作流程可简化为：筹备展览—策划内容—头脑风暴—寻找场地—设计展览—招商引资—立项报批—推广项目—票务销售—实施项目—运营场馆（表8、图28）。

表8　整体操作流程

编号		工作衔接													
1	筹备展览	▨													
2	策划内容		▨												
3	头脑风暴	▨	▨												
4	寻找场地	▨	▨												
5	设计展览			▨	▨										
6	招商引资					▨	▨	▨	▨	▨	▨	▨	▨	▨	▨
7	立项报批					▨									
8	推广项目							▨	▨	▨	▨	▨	▨	▨	▨
9	票务销售							▨	▨	▨	▨	▨	▨	▨	▨
10	实施项目						▨	▨	▨	▨	▨	▨	▨	▨	▨
11	运营场馆								▨	▨	▨	▨	▨	▨	▨

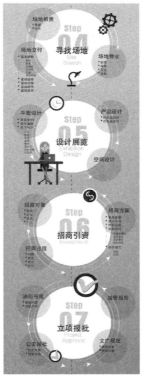

· 扫描本书封底二维码，
  公众号后台发送"策展"，获取高清大图；
  亦可见附赠图册

图 28　一张图看懂主题策展全过程

（1）筹备展览

品质上乘的主题展从产生想法、准备资料、策划内容到落地实施，一般至少有 3~5 年的筹备期，更有甚者，长达十余年或数十年亦不鲜见。筹备展览可分为判断和准备两个部分。

首先是判断。并不是所有主题都适合做展览，大多数失败的主题展，其根源在于最初的决策错误。在产生某个主题展的想法后，一般可以从四个方面进行论证：知名度、识别度、反馈度和稀缺度。

知名度：这个主题是否广为人知？大众对它的认知达到了什么样的程度？一般情况下，知名度较差的主题，如果没有强大的后期推广与传播，很难成气候。比如，对比《金瓶梅》和《歧路灯》，大众明显对《金瓶梅》更熟悉；对比《西游记》和《搜神记》，《西游记》会更胜一筹，用它来策展比较占据优势。

识别度：有了知名度并不足够，主题展还需要识别度。它需要很容易就与其他主题区分开来，无论从主视觉还是内容上。在这一点上，各大动漫主题展览做得相当到位，比如伊藤润二的恐怖美学展。

反馈度：有了知名度，主题展还需要与观众产生共鸣，无论在情怀、趣味性方面，还是艺术性、功能性等方面，比如 LINE FRIENDS 便是通过"萌"让青年观众与之形成了良好的互动。

稀缺度：拥有了前三者，展览就一定会办好吗？看看各类有关西游、三国和水浒的主题展，你就知道了。四个维度中，最重要的一个维度就是稀缺度。主题展必须是新鲜的、与众不同的。

四个维度，如果每个维度设定为 5 分，总分 20 分，那么超过 16 分的选题基本上不会有太大问题，而少于 10 分的，可能就要辛苦推广的同事了。

其次是准备。准备的工作主题是指要熟悉你所选定的课题，深入地挖掘并了解它，至少要比一般受众了解得更多。这一步的工作量是巨大的。搜集资料是必做的，要主动地去搜，去买，去看，去请教，去学习。比如，要办一个《秦俑天下》主题展，至少要深入了解兵马俑的历史背景、人物故事、制作工艺、风土民俗，然后你才有可能将之化为涓涓细流。而这些需要时间，所以，主题策展筹备期很长并不是没有道理的。

在此期间，你会搜集到大量的文字、图片和实物模型，直到一个关键的因素诞生——<u>观点</u>。通过研究或人生的阅历，你会发现某种规律，它在你的心头萦绕不休，于是，你会产生一种想与人倾诉的冲动。然后，在某个瞬间，它升华了，变成了唯一，在这个时刻，主题展才真正有了雏形。

比如《秦俑天下》，兵马俑只是泥胎凡偶吗？它是生的世界吗？抑或向死而生，向生而死？一个可能和普通大众认知有所出入，或强调，或颠覆的想法由此诞生。有了观点，接下来的部分就顺理成章了。围绕观点展开描述或论证，将观点切割成数个可言论的点，然后，将这些点转化为平面，再转化为空间、艺术展项和互动。当这些内容被按照一定的逻辑和顺序置于一个空间时，一个主题展就诞生了。

（2）策划内容

这个部分的工作衔接于筹备期之后，概括说来有三方面主要工作。

<u>第一方面，版权的界定。</u>

如果是原创的 IP，注意申请并保护好自己的知识版权即可。但如果是引进的 IP，就有大量的工作需要去做，工作量的大小，取决于 IP 的大小及版权方的严谨程度。版权方自然是希望最大限度地保护 IP 的辨识度和品牌形象。一般情况下，IP 越大，版权方的要求会越严格。大到内容、品类，小到颜色、字体，版权方一般都会想办法最大限度地框定 IP 的可用边界——哪些可以用，

哪些不能用，可以用的部分要注意什么等。一旦越界，版权方往往将勒令策展方整改。

第二方面，内容逻辑的梳理。

我们最终会有一个观点，为了表达这个观点，会将其拆分为几个子观点，然后再进行拆分和论证。随着解析的深入，拆分的程度将不断延伸，最终形成一个金字塔结构的"内容树"。当然，这种拆解也有可能通过很轻松和很活泼的方式进行。比如，要做一个蜜蜂主题展，我们不一定非得将它解构成"自然的传承、科学的蜕变、文明的帝国"这样的学术大纲，可以用更加生动有趣的故事大纲，这点我们在前文已经探讨过。

在布展脉络和内容体系完成后，接着要做的工作就是对内容的深化和细化。一般情况下，我们会制作展览文本和布展资料包，展览文本包括展览名称、前言、标题、正文、译文、结束语等，资料包则包括原图、音频和视频等。

第三方面，内容的分享。

筹备好之后，展示策划或策展人接下来要做的事就是分享，把自己已经消化的内容，分享给团队的其他人。你可能会觉得，让团队成员自己看不就好了吗？如果团队成员拥有这种能力，这自然是可行的。不过大多数情况下，团队成员可能对文字的敏感度不高，对内容的解读速度也有限，所以在这方面，展示策划或策展人是可以帮助他们的。常见的分享形式是开会或上课，也有非常规的形式，如聊天或实景体验。新鲜知识的传授是一个十分有意思的过程。

（3）头脑风暴

分享会往往会演变为头脑风暴，这个阶段是所有过程当中最让人着迷、最充满智慧美感的阶段。展示策划或策展人将故事逻辑和内容一点点地输出，引发团队其他人的思考、共鸣、质疑或争议，最终达到一致。这一过程强调的是开放及无边界，但对与会成员也有所要求，最大的要求就是<u>不要急于否定，而是设想解决方案</u>。

为了保证后期实施的顺利，一般我们会邀请实施团队的负责人或外包团队参与头脑风暴，避免出现难以实施或事倍功半的解决方案。这是一个不断扩张和收缩的过程。经过数次乃至数十次的头脑风暴，展览的基本面目将逐渐呈现在大家的脑海中，许多细节也基本到位。

（4）寻找场地

对于商业主题展览来说，好的场地代表成功了一半。这并不是一个"酒香不怕巷子深"的时代，好的展览，没有人流或定位的人群不买账，甚至消费群体定位错误时，能拯救你的只有场地，一个优秀的场地。什么是优秀的场地？

1）自带流量

如果场地在旅游区，那么展览应当设于旅游路线的某条必经路线上，这样，通过你的努力还有转化基数可以操作。

2）有效人群

这个场地不应该是非策展消费群体的聚集地。曾经有个伙伴在城市流量相当集中的地点策划了一个主题展，只要转化率达到4%就能赢利，这听起来很美好。但现实是，他们花了大量的精力，最终的转化率定格在1%。原因很简单，许多人只是走过路过，根本不会为此消费，虽然这些人在场地官方统计中是算在总人流量里的，但对于这个展览而言，他们并不是有效人群。说到底，有效人群才是考量场地是否优秀的最大标准。一个景区即使一个月有十万人流量，但如果他们不是主题展的受众群体的话，再大的流量也不过是个虚无的数据。

3）自带渠道

自带流量是保证展览保本或止于小亏的手段，如果想赢利，重点在于对有效人群的推广与传播。而如果这个场地本身就带有相关渠道，这无疑是极大的利好。

4）资金扶持

在互联网经济的冲击下，线下空间的运营举步维艰，所以很多艺术馆、商业空间愿意出资举办活动或展览，以实现引流或品牌推广。对于策展方而言，场地方的资金扶持是降低成本的一大助力。

（5）设计展览

找好场地后，场地的图纸和基本参数将是设计师的案头必备。一般情况下，基本参数包括场地面积、层高、柱间距、出入口位置、消防设施位置、强弱电位置、水电荷载、管网位置、光环境等。其中，对展览起到最直接影响的是面积、层高、柱间距和光环境。

面积代表了体量，决定着展览的规模，也影响着展览的造价。层高的要求一般不低于3米，大于4.5米以上为良好层高，大于6米为优势层高，对设计师的结构施展有很大的帮助。柱间距一般是越大越好，无柱最理想。间距太短不利于空间结构的拓展，会给设计带来极大的束缚。光环境对多媒体的影响较大，如果外界光线太强，设计师精心营造的氛围将被破坏，因此需要认真对待。

根据我以往的展示经验，最有利于展览展示的空间具有如下特性。

其一，空间体量较规整。

一个矩形空间会比扭曲的空间更有设计的余地，设计灵活性更强。

其二，空间比较集中，不零碎。

若空间被化整为零，相隔太远，会破坏展示的连续性，让观众的情绪始终难以被调动，所以，此类空间对布展方来说是比较头痛的。在这些因素都被评估和探讨之后，展示空间的设计就可以开始了。简而言之，设计的大体过程可以概述为：依据策划的内容逻辑划分平面布局及大小—根据平面布局建设三维空间—在三维空间里安置展项。

这个过程需要策划、空间设计师和平面设计师紧密配合。策划保证内容的准确性，并通过文字、配图及技术视频制作布展方案；空间设计师保证空间的结构表达、展项的设计和出图；平面设计师负责内容的视觉呈现、展示墙面和界面的美化布局。最终呈现的良好效果图将是三者和谐统一的作品。这个过程和传统展示空间的策划、设计的配合过程并无两样。

（6）招商引资

在北京、上海、广州、深圳的商业策展市场，目前赢利水平最好的主题展是招商工作做得最到位的主题展。很多情况下，前期所有的努力很可能只能保证收回成本，而赢利的重任就落在了招商上，准确地说，是让别人为我们的展览埋单。那他们图的是什么？名声、口碑、品牌形象，以及由此带来的产品销量提升。所以，如果有一个展览的主题或气质与某个企业的形象或产品较匹配的话，企业是愿意为此埋单的。招商需要招商合作书或其他类似的文本，文本中需要详细地描述展览的背景、IP 的情况、推广的计划及可能为企业带来的利益，以此打动企业方。

（7）立项报批

进入这个阶段，展览成立的可能性实际上已超过九成。大体上，如果拥有足够的赞助，展览的成本已经持平甚至能够赢利，没有理由不做下去。当然，也有许多展览，即使没有获取商业赞助也会继续操作，要么是对展览本身和市场有信心，在没有赞助的情况下也有机会收回成本乃至赢利；要么是资金充足，另有所图。

依据展览的性质及展示的内容，常见的报批对象有消防部门、公安机关、文广部门及城管部门，可能需要全部报批，也有可能需要部分报批。不过大体上，消防部门和公安机关都是需要的。很多时候，场地方可以帮助布展方完成相关的报批工作。具体的报批办法每个城市都有所不同，具体内容请参考各个城市的规定。

（8）推广项目

推广的成功与否甚至可以决定项目成败。在有条件的情况下，项目推广在筹备期就要展开，最迟也不能晚于开展前两个月。通过各种方式，常规的如新旧媒体广告，非常规的如事件营销、病毒式营销，都是可以的。自己找广告公司或推广平台，会省心省力，但如果能依傍某个平台，可能会事半功倍。推广的时间从开展前最少两个月到展览结束前要持续进行，如果还有巡展，推广还是需要继续发力的，不过战场会转换到下一站的城市。

（9）票务销售

票务与推广一般是绑定的。在铺天盖地的广告攻势下，在观众心动的瞬间，附上一个小小的链接——点击，购买，水到渠成。如今的票务销售渠道一般分为线上与线下。线上渠道一般会寻找售票平台合作。平台方在评估主题展的商业价值，并认证展览的有效报批文件后，会根据价值大小对展览进行不同量级的推广与销售，展览方直接与平台方进行比例分成即可。线下渠道分为旅行社渠道和政企渠道。旅行社渠道是通过与旅行社的合作带来流量，旅行社根据主题展的价值决定是否参与票务协作。政企渠道一般是通过政府或企业的助力进行的，政府会根据主题展的社会意义与价值，决定是否助力及助力程度，企业一般是采购展览门票当成员工的一项福利。

门票的类型多种多样，除了常规票，还有套票、联票、折扣票等票种，具体到实施又有单次票、年票、家庭票、团体票、学生票、儿童（长者）票、残疾人票、军人票等种类。票种的设置以主题展本身的情况及运营场地的经验票种为参考。

票价的设置是非常考验主办方的市场眼光与商业智慧的。整体的展览定价是通过横向对比与纵向对比来决定的：横向对比一般参考同一展览周期的其他展览定价，纵向对比一般参考城市的消费水准及周边同类商业性质的主题乐园或商业空间定价。但就主题展本身而论，公益性质的展览门票，0~20元居多；普通商业性质的展览，大多为 20~80 元；大 IP 主题展览的门票基本上大于 80 元，根据 IP 的差异，以 120~200 元为主（主要在北、上、广、深）。

门票的销售方式亦有策略。在开展之前，一般会设置早鸟票，一则探测市场对展览的认可程度，为后期门票销售做铺垫，二则预先收回一些展览成本。早鸟票价格一般是票面价值的 5~8 折。开展后，根据渠道的不同，提供不同的门票折扣，根据展览的市场反馈度，4~9 折不等或全价。不过，一般情况下，网络平台上的折扣为 8~9 折，线下售票窗口的折扣也相差无几，但提供给旅行社的折扣一般会低于平台售价。

（10）实施项目

一般我们会把实施项目的内容分成三个部分：内容、硬件及装修。三者基本上是同步的。内容部分是指在前期策划设计过程中确定的多媒体、影片及上墙平面等内容；硬件部分指的是根据前期创意所确定的内容表现形式进行硬件的采购或整体展项的制作；装修部分指的是根据前期的设计和创意对空间进行装修和装饰（硬装和软装）。

这个阶段需要向供应商询价并比价，具体操作内容交由项目经理或专业采购人员执行，但一般情况下，项目经理会制订项目进度表，对整体项目的时间进度和质量进行把控和监督。需要配合的部分，比如内容与硬件或内容与装修，展示策划或策展人要保证双方有充分的沟通，并留出充足的时间。

整体项目的最终效果会呈现在项目实施这个阶段。在这个阶段，合作良好的供应商能让整个过程事半功倍，一个拥有完备供应商体系的企业对各类展览也能得心应手。良好的供应商应拥有以下能力。

解决方案的能力。能够根据甲方的要求提出优化的解决方案并及时反馈，而不是一味地顺从或盲从。

过硬的执行能力。从细节上就能看出一个供应商的水准，比如装修方的直线、毛边的收口、基线的准绳等；视频方的影片剪辑节奏、美术功底、版面设计；硬件方的反馈效率、检修工具、配送体系等。

时间把控的能力。开展时间是规定好的，供应商如果不能"踩点"配合，将会极大地影响其他供应商或工序的进行，"蝴蝶效应"在繁杂的项目过程中将被充分凸显。

（11）运营场馆

决定一个展览的真实生命力及水准的是场馆运营，善于运营将大大降低成本，提高口碑和收入。主题展览的狭义运营大体上分为四个大的板块：运营团队招募—运营团队培训—现场运营维护—衍生产品售卖。

1）运营团队招募

根据展览的内容及主题性，确定展览运营所需的形式、人员架构及配置，比如三班制或两班制，讲解员、保安、技术维护、运营管理人员的配置比例等。所需人员可以从人力资源市场直接招聘，也可以采取分包的形式，由专业运营公司或公关公司代为招聘。

2）运营团队培训

人员到位后，需要安排针对各个工种的各类培训。针对全体人员的培训有展览内容培训、消防培训、安全应急培训、急救培训、环境卫生培训、礼仪培训等；针对技术人员的培训有现场电器操作培训、强弱电维护培训、现场展项操作培训等；针对讲解人员的培训有现场讲解培训、现场展项操作培训等；针对安全人员的培训有现场保安培训、现场人流控制培训等；针对管理人员的培训有现场管理培训、现场展项操作培训、人员调配培训等。

由于涉及的培训内容多而杂，因此现在的展览除了现场讲解培训和展览内容培训外，可以采取分包的形式，直接由成熟的运营团队接手运营，除非无法找到成熟的运营团队或者为了降低运营成本。短期的主题展览很少会自己组建运营团队。一般在培训阶段，我们会准备《展览培训手册》以供使用。

3）现场运营维护

现场的运营维护主要包括人流的引导与控制、现场讲解服务及安全保卫服务。现场对人流的引导与控制方式主要为流处理（散处理）与批处理，以及相互组合后的批流结合处理。

流处理即不规定观众的参观线路，由观众自行决定参观顺序，但在展览的整体容量上设置阈值，在容量超过一定量时，采取限流措施。流处理的总容纳量比较可控，运营的要求比较低，但无法保证观众的参观效果，可能许多展示亮点在无人介绍的情况下无法被观众了解。

批处理即规定观众的参观线路，限定每批的弹性人数，由讲解员引导进行展览的参观。批处理在时间上较为可控，参观质量也较有保障，但对运营水准要求较高，"翻桌率"较低。

批流结合一般是指在普通展项上采用流处理方式，在重点展项，比如主秀空间上，采用批处理的方式。这种方式在现在的展览运营中使用最多。具体采用哪种方式要根据场馆的实际情况来决定。

现场讲解服务是指讲解员对展品的介绍或对展项的操作，一般我们希望讲解员可以提供单人全程讲解服务，但囿于个人水平，能够做到的人不多或培训成本较高。安全保卫服务主要是指安保人员对展品的保卫以及对观众个人安全的保障。

4）衍生产品售卖

展览的收入主要有三大部分：赞助、门票及衍生产品销售。比如我们参观"国家地理经典影像大展"时，很可能会产生购买其杂志、影像光碟、书籍或其他系列产品的冲动，因此，如果能够切中观众的心理，在衍生产品销售上会有意想不到的收获。

衍生产品是一个全产业链的体系：市场定位—产品开发—产品定型—设计定型—委托生产—销售渠道—终端呈现，有专门的企业提供全体系化或局部的服务。在展览现场，衍生产品一般以售卖专柜的形式呈现，从卖点广告（POP）到引流，从商品阵列到现场推销，专柜的运营与一家线下门店的运营相近，但更有主题性。

10　写给甲方的建馆筹备书

如果你是甲方，想要筹建一个展示空间，比如博物馆、企业馆、形象馆或其他展示空间，也许会陷入这样的困境：不知道从哪里入手；不知道项目的全流程；不知道应该找什么样的团队；不知道怎样与专业团队配合；不知道怎样省时、省力、省钱；项目做着做着就开始混乱，千头万绪，焦头烂额。这其实都源于你对展览展示行业的认知不足，所以本章将用比较短的篇幅帮你厘清筹建一个展馆的前期思路、合理化自己的工作流程，以及较好地控制建馆成本。

一般情况下，一个展馆项目分为四个阶段：筹备阶段、创意阶段、营造阶段和运营阶段。在本书中，我们重点讲筹备阶段。筹备阶段的工作也分为四个部分：认知的获取、建立项目组、制订计划表和工作标准化。

10.1 认知的获取

如果你要建设一个科技馆，首先要知道什么是科技馆。一般情况下，可以从三个方面建立对项目的整体认知。第一，纵向认知。这类项目在过去、现在和未来分别是什么样的。第二，横向认知。项目所在地、其他城市或其他国家有没有类似的项目。第三，竖向认知。是否只展示一个业态，需要与其他业态与功能跨界吗？

为了获取以上认知，一般需要做三件事。第一，实地调研与本项目类似或有参考意义的项目。第二，看一些有关本项目的基础文献，如图书、论文、纪录片，了解基础知识。第三，归纳、总结本项目与其他项目的异同点，团队内部讨论或与咨询方交流，找到项目的定位。

获取认知的过程短则数天，长则数年，并没有一定之数。在这个阶段，如果只用一句话总结，就是<u>你和你的团队必须明确地知道要做什么项目，至少你自己要清楚</u>。

10.2 建立项目组

一般在项目筹备初期，团队可能只有你一个人，稍微好点的情况下，可能有几个人。你知道他们将在项目团队中，但并不确定他们具体扮演的角色。通过第一阶段的学习，接下来要做的就是<u>建立团队，并明确团队成员的分工</u>。如果你想自己一个人完成项目，几十或几百平方米的策展项目是有可能的，但项目达到一定规模的话，其工作量是巨大的，并不建议由一个人完成。对于中大型项目来说，项目组一般由三个团队构成。

（1）本方项目团队

本方项目团队至少包括以下几类工作职能人员。

管理专员：负责项目整体进度的把握、项目资源的统筹、与供应商的衔接、项目资料的管理、成本的控制及团队关系的协调。<u>这个职能是团队中最重要的职能，必须有管理专员</u>。

展品专员：除了一些虚拟体验或多媒体体验类型的展馆，建馆势必要展示物品，展品专员就是负责展品的<u>征集、购买、统计、归类、建档、保管、物流、养护</u>的专职人员。

内容专员：建馆的目的是传送内容与信息，而最熟悉这些信息的人就是你们自己，所以需要内容专员理性化地整理项目的内容框架、准备内容资料包（文字、图片、影像、实物资料等），并由他与未来的合作伙伴对接，进行内容的培训、说明及后续的资料沟通。

<u>内容专员与展品专员的工作有重合的地方，请根据项目的实际情况安排</u>

他们的工作边界。

运维专员：展馆将来是需要运营的，要有讲解员、保洁、保安、技术、行政管理等人员，现在的展馆大多还需要跨界联合运营，这就需要熟悉运营事务的专员，结合本企业、本组织的基本情况，在项目初期介入，提出实际运营时可能遇到的问题，以帮助供应商"避坑"。

法务专员：展馆项目将来可能涉及大量的外包团队、建筑、创意、设计、硬件采购等，法务专员必须在全过程中合情合理地维护己方的利益，规避法律风险。

财务专员：他的作用与法务专员相似，同样是要合情合理地维护己方的利益，保障项目的顺利推进，但职能界定于财务领域。

其他专员：根据项目的需要，团队可能还需要与建筑方对接的建筑专员，与政府方衔接的行政专员，专门处理日常事务的项目助理等。

注意，中型项目的团队人员可能不会太多，所以可以由一个人完成多项工作内容。

（2）策展专家团队

通过初期的学习，你对展览展示已经有了一些认知，少数甲方可能已经达到了半专业的水平。即使如此，这些对展馆项目的认知也并不足以支撑你对未来供应商、乙方工作内容好坏的判断，所以需要一个比较独立的第三方评审团队来辅助判断。

一般情况下，需要以下这几个工种。

建筑专家：熟悉建筑的各种规范、工作流程、行政流程等。

管理专家：熟悉展览策展项目的全流程、团队工作边界、一般工作节点、行政报批事务等。

策展专家：熟悉展览策展项目的内容工作流程，拥有内容理性化及感性化能力。

设计专家：能够对展览项目的空间提出合理化的建议，规避展览及建筑的设计问题，如层高、管网、消防等。

多媒体专家：熟悉内容的表现形式，可以针对不同的内容提供合理的多媒体化建议。

硬件专家：熟悉各类展示技术，包括硬软件，在项目前期规避许多问题，比如投影距离、设备体积、亮度参数等。

注意，这个策展专家团队可以邀请各个场馆的馆长、策展人担任，也可以邀请独立的第三方咨询团队担任，他们一般情况下是不参与后续的策划、设计、营造及运营工作的，应尽量减少他们与未来供应商之间的关联。

（3）内容专家团队

如果项目不大，或者项目内容量不大，可以不用内容专家团队。但如果要筹建一个博物馆、科技馆或某种专题展馆，内容专家团队则是必需的。比如做建筑博物馆，就需要大量的中国古建筑、近现代建筑、西方建筑史等领域的专家；如果要做安全博物馆，就需要气象、交通、消防、环境、野外、信息、生产、急救等各类专家。这些专家要做的事情主要有三个方面。

其一，原始内容的采集与供给。

比如，一个陶瓷博物馆的内容是十分专业的，乙方的策展人如果是非专业人士会很难上手，这就需要专家团队提供比较系统的内容，帮助乙方的策展人了解专业知识。

其二，创作成果内容的审核。

在创意过程中，由于策展方对内容的把握还不足，可能会出现常识性的错误，比如年代、时间、材质、风格等，所以需要专家团队对过程文件及最终成果进行审核，及时提醒并处理。

其三，开馆后的内容更新。

开馆后，会有各类新内容的更替，也需要内容专家团队重复前两个阶段的工作内容。

注意，展示形式与技术最好不要交给内容专家把控，术业有专攻，还是交给己方的创意顾问与乙方的创意团队比较合适。

10.3 制订计划表

团队确定了之后，需要制订一个比较完善的工作计划表向领导汇报（如果有汇报对象的话）。工作计划表一般包括三个方面的信息：团队及分工；时间进度把握；关键节点事务。只要具备这三项内容，工作计划表的形式可以是多样的，项目管理软件、思维导图、普通文本等都可以。但在项目工作计划表里，有几项关键的事务需要注意。

内容包：包括展品清单、内容资料文本、图像、音视频等。

招投标：采用 EPC 模式（工程总承包模式之一）还是分段招标的模式。如果是私人企业，可以直接以委托的方式进行。

展览大纲：策展团队根据内容包提供展览大纲。

概念设计：设计团队根据策展团队的展览大纲，给出初步的空间概念设计建议，包括平面布局、空间风格、观众动线、展示形式建议等内容。如果供应商同是一家单位，展览大纲与概念设计可以同步进行，让他们自行安排工作时间即可。

扩初或深化设计：在概念设计得到认可后进行空间深化创作，包括空间效果图、技术说明图、灯光图、施工图等。

施工阶段：包括施工前期准备、施工实施（硬软装、硬件进场、内容调试、陈列布展）、收尾验收、售后及维保工作节点。

运营阶段：试运营及正式运营工作节点。

10.4 工作标准化

工作标准化的目的是通过建立统一的工作方式，使工作效率最大化。

（1）文件标准制度

因为项目涉及团队太多，每个人的工作习惯又不同，如果不建立统一的文件标准，会让工作极其混乱。文件标准制度建议包括以下几个内容的限定。

1）软件版本及格式的限定

例如，文字编辑统一用 Office Word，A4 大小；图片编辑统一用 Adobe Photoshop；表格文件统一用 Office Excel；展示文件统一用 PPT，A3 大小；剪辑文件统一用 PR；建模统一用 3d Max 或 SketchUp 等。同时，文件的提交格式也尽量统一在一定范围，如影片格式采用 MPEG、AVI、MOV、WMV、MP4 等。

2）字体的限定

字体是有版权的，所以可以对甲、乙双方的文本做出具体的字体限定。除字体外，也可对字号、间距等进行限定。当然，如果出于个性化或设计效果的考量，可以放宽要求。

3）文件命名和文件管理方式的限定

大多数人没有接受过文献检索的系统培训，对文件的命名、放置全凭个人意愿，所以经常出现"新建文件夹""NEW123""asdf""文件夹

NEW"等不规范命名，很容易出现找不到文件、花费较多时间才能找到文件或文件交接混乱等问题，降低工作效率，大家可以使用前面提到的树形目录管理法。

（2）版权审核制度

在版权越来越受重视的今天，必须对各方提交的内容的版权进行审核，否则一张图、一种字体、一首乐曲或一段文字都可能让你麻烦不断。一般版权审核的范围包括字体、文本、图文、视频、软件、装置等内容，原则上，没有取得版权许可的文件是不允许出现在最终成果物里的，所以在创作过程中必须对产物进行版权标注，如无版权、自有版权、非商用版权、商用版权，并在最终成果物里进行自查。同时，还要确定版权的使用范围，如时间、地点、内容范围等（这也是法务要在前期介入的原因之一）。

（3）团队工作制度

团队内部以什么方式及时沟通信息，周会还是月报？专家以什么方式帮你进行内容的审核？工作方式怎样建立？在哪里办公？以什么方式作为回馈？这些都需要制定标准。

策展的认知

从实践到认知，策展有什么样的规律？我总结了策展的发展过程、产业链、工种及核心要素等，希望大家可以通过这个部分反观自己的策展行为，优化策展工作。

11 展示空间与策展

什么是展示空间，这个问题重要吗？在实用层面，它的确并不是特别重要，不知道展示空间的来源，我们也可能做好展示空间。那么，为什么要先提出这个问题？因为它是一切问题的出发点。

11.1 展示空间是什么

例如，你想向心仪的人表白，于是你写了一封情书，画了一幅对方的肖像画，并制作了一条项链，然后在一个布置精美的餐厅里，摆上烛光晚餐，弹起吉他，打开直播，希望对方可以接收你的爱意。你的目的是向对方传递"我爱你"的信息，于是你综合利用展示空间：一维的文字——情书；二维的图像——肖像画；三维的工艺品——项链；还有布置精美的餐厅和多维的直播空间，希望可以收获爱情。这些一维、二维、三维、多维的，用于向特定对象传递特定信息的空间，被称为展示空间。概括来说，展示空间就是承载信息载体端或发送端，实现向接收端传递信息，以达成具体目的的多维度空间集合。

它的本质是信息流的传递，这意味着它拥有信息量。而传递则意味着拥有信息的载体端、发送端与接收端，同时也意味着展示双方存在信息的数量差，即信息压。在有限的时间里向有限的空间传递信息的速率称为传输率。在有限的时间里，接收方所获取的信息量与发送方传输的信息量的比例称为接收度。为了实现信息从发送端传输到接收端而进行的努力称为<u>展示方案</u>。在展示方案中所采用的技艺称为<u>展示技术</u>。

2022 年，最新的《国际博物馆协会章程》对博物馆的定义是：为社会服务的非营利性常设机构，它研究、收集、保护、阐释和展示物质与非物质遗产。博物馆向公众开放，具有可及性和包容性，促进多样性和可持续性。博物馆以符合道德且专业的方式运作和交流，并在社区的参与下，为教育、欣赏、深思和知识共享提供多种体验。

载体端：物质的与非物质遗产。

接收端：公众。

信息传递：为教育、欣赏、深思和知识共享提供多种体验。

多维度空间集合：非营利性常设机构。

企业展示空间的定义是：企业为展示企业信息或感受（市场、策略、产品、品牌、文化、潜力及形象），以达到辅助企业发展（销售额、政策倾向、品牌价值）之目的，根据受众（政府、合作伙伴、消费者）的关注点，以匹配受众感观的技术手段（视、听、嗅、味、触、感）所建立的综合展示场所（一维、二维、三维、多维）。

载体端：综合展示场所。

接收端：政府、合作伙伴、消费者。

信息传递：企业信息或感受。

多维度空间集合：综合展示场所。

具体目的：辅助企业发展。

以上这些都是对展示空间定义的描述。用一句话概括：<u>展示空间是信息及其关系的总和</u>。

11.2 展示空间的分类与应用

展示空间有多少种？博物馆有多少类？科技馆是单独的一个馆类还是博物馆的一个分支？企业类展厅、规划展示类展厅、方志馆、校史馆应该属于什么类型？如果跨界到商业展览、画廊、主题娱乐展览，又应该属于哪种类型？

现有的展示空间分类大多是根据展示空间的规模、主题、时间等要素所进行的大类划分。比如，按照规模的大小，你可以将它分为大、中、小型展示空间；根据主题的多寡，你可以将它分为综合类的展示空间及单主题的展示空间；根据运营时间的长短，你可以将它分为固定展、半固定展、临时展。但这些分类方式对从业者来说并没有太大的指导意义，展示空间有没有一种既有理论依据又利于记忆与使用，同时还便于推广与传播的分类方法呢？

（1）寻找依据

这部分我以研究得最为成熟的博物馆类型划分为主要参考依据，参考的文献包括 2016 年度全国博物馆名录及《中国博物馆学概论》《中国博物馆学基础》《博物馆的类型划分浅议》《从博物馆的定位看其类型研究与实践》《基于非物质文化遗产展示的博物馆类型研究》《历届全国博物馆"十大陈列展览精品"入选项目的类型与区域分布》《上海市博物馆类型和空间分布研究》《异馆异题异曲同工——不同类型博物馆个性化陈列设计思考》《中国纺织服装类博物馆的类型与特色》……

（2）建立标准

通过对以上文献的分析统计，我找到了一个展示空间的分类与命名包含的共通元素（表 9）。

限定的主体：如城市、组织、企业、个人等

展示的内容：如科技、艺术、自然等

展示的形式：如陈列、多媒体、互动娱乐等

展示的目的：如研究、教育、营销等

展示的载体：如展示基地、展示中心、展馆等

表 9　展示空间的分类与命名包含的共同元素

限定的主体	展示的内容	展示的形式	展示的目的	展示的载体
国家	历史	博物	研究	馆
城市	红色	多媒体	教育	展馆
组织	自然	陈列	营销	展示中心
企业	艺术	灯光	—	展示基地
个人	科技	互动娱乐	—	聚落
—	综合	美术陈列	—	—
—	—	综合体验（体验）	—	—

（3）输出结果

按照限定的主体，展示空间可分为城市展示空间、企业展示空间、个人展示空间等；按照展示的形式，可以分为多媒体展示空间、陈列展示空间、灯光展示空间等。当然，也可以进行多元素的组合与分类。比如，限定的主体 + 展示的内容：城市历史展示空间、城市自然展示空间、企业科技展示空间等；限定的主体 + 展示的内容 + 展示的形式 + 展示目的 + 展示的载体：城市历史博物教育展示中心、企业艺术陈列营销展馆、国家红色摄影综合馆等。

（4）应用结果

1）在分类检索中的应用

根据关键要素，可以按照单一的元素分类（表10），也可以按照元素的组合分类（表11）。

①单一元素

表10 依据限定的主体的分类方式

地域		组织			企业			个人		
国际	中国	联合国	世博局	世界自然基金会	苹果	华为	联想	你	我	他

②多元素组合

表11 依据多元素组合的分类方式

历史类			红色类			自然类		艺术类		科技类	
历史博物	历史摄影	历史美术	红色博物	红色陈列	红色摄影	自然博物	自然摄影	艺术陈列	艺术灯光	科技博物	科技摄影

三级目录均可根据具体的资料情况增加或删除。

2）在命名上的应用

例如，上海科技（综合）馆，其形式和目的都是综合类，就可以简化为"上海科技馆"，依此类推：中国海洋博物馆、上海规划馆、琅琊台历史文化陈列馆、上海多媒体沉浸艺术馆、联想历史文化展示中心等。又例如：华为展示中心、深圳华为展示中心、深圳华为历史文化展示中心、深圳华为历史文化陈列展示中心、深圳华为历史文化陈列教育展示中心。元素越多，名字越长。然而，似乎名字越短越有震撼力。

11.3 展示空间的意义

（1）展示空间是文明基因样本的优秀保存和储藏方式

　　了解进化论的朋友大概都知道，生命进化不是生命为了适应环境而选择改变自身基因，而是生物群体中的个体因为突变的长期积累，本来就存在种间差异，在危机来临时，那些适应新环境的突变种保留了下来，无法适应的则被淘汰。因此，生命永续遗传的基础是强大的生物多样性，这就是我们要尽可能多地保护各类生物的原因。

　　自然属性如此，人类的社会属性大抵也是一样的。一开始我们逐水而居，生产，然后交换、合作、聚居、分工，形成城市及一个又一个文明。之后，许多文明在同样的历史巨变中分崩离析，因为它们不再适应当时的环境了，而那些适应的文明传承了下来。

　　同样地，现在的人们也在努力地研究文明课题，并且最大限度地保存文明的基因样本。我们之所以要考古，就是因为那是一个又一个可以修复的文明基因样本。这些文明样本通过许许多多的形态被保存下来——文物、建筑、人类文化遗址、雕塑、书籍、民俗、音乐、舞蹈……而保存这些物质与非物质文化遗产最重要的载体之一就是展示空间。

　　在保存过去的文明基因样本的展示空间当中，我们最熟悉的就是博物馆，如城市博物馆、专题博物馆等。而常见的保存当下的或正在进行中的文明样本的展示空间有科技馆、纪念馆、企业展示空间等。这些样本在展示空间当中被整理、研究、展示并再创造，成为人类追求幸福生活的一大保障。

　　而我们策展人，则是这些基因宝库的建设者和守门人。

（2）展示空间是信息传播的优良载体

有一个观点认为，信息传送效率的进步史就是人类文明的发展史。当我们群聚而居的时候，信息的传递是靠人猿泰山式的吼叫，声音的传播距离影响着部落领地的大小。紧接着，烽火传信、驿路连绵，信息终于突破了森林的局限，可以在不同的区域传递，虽然传送不了几个字节的信息，但传送距离在理论上可以是无限远了。之后，更先进的飞鸽传书出现了，传送的字节更多，速度更快，但成本也更高。再后来，电气时代来临，电信号让远程快速传递信息成为可能，只用几秒钟，一段文字就可以传送到地球的任何一个角落，虽然成本还是比较高，但基本上可以接受。目前，在互联网和移动互联网时代，信息的传递成本逐渐趋近于零，速度趋近于极限，我们终于感受到了高科技应该有的样子。

说了半天，信息的传播与展示空间有什么关系？有时候，着急传送大文件时，最快的方式不是通过邮箱，而是硬盘。在工业革命时代，各个国家的人都希望能够快速地与各地的好友交换彼此的文明新发现，于是，展示空间就成了这块"硬盘"。第一块"硬盘"就是1851年英国的万国工业博览会，地点在伦敦的水晶宫。

蒸汽机、织布机、新的绘画风格、新的地理发现，这些新发明的字节太大，一张纸放不下，而如果以实物来往传送的话，可能需要几百年。因此，在信息大爆炸之前的大部分时期，展示空间是信息最好的传播载体，其功用也保留至今。

（3）展示空间是我们表达世界的一种方式

当信息传播的能效比传统展示空间以更高的形式出现的时候，展示空间会退出历史舞台吗？这个问题曾被广泛地讨论。在互联网时代，信息已经很容易被获取，甚至一件实物的全部信息都可以在线完成传递，那么展示空间还有用吗？这个问题要从两个方面进行讨论。

一方面，当现实物品可以实现虚拟在线传输的时候，我们很可能不再需要非常大的实景空间。但是，我们将需要另一个更庞大的空间来更好地感知信息——元宇宙。元宇宙本质上也是一个空间，也带有展示的属性，从这层意义上来说，展示空间是不会消失的。

另一方面，展示空间是我们进行表达的工具。小说家通过小说表达他的世界观；电影导演通过影片诠释他对某一主题的理解；学者通过论文留下他对这个世界的观察结果。小说、电影、论文等都是人类表达这个世界的工具。而展示空间是我们表达世界的一种工具，它是融合了小说、影视、科学的系统空间与工程，通过它，我们可以用更容易让人感知和理解的方式，全方位、多角度地展示我们对世界的某些理解。所以，只要表达的欲望还在，展示空间就不会消失。

（4）展示空间是人类幸福生活的一种方式

博物馆、科技馆、美术馆除了可以看，还可以拿来"玩"，可以成为放松、休闲的场所之一，也可以成为我们的一种生活方式。就像看电影、体验过山车、去 KTV 放声歌唱一样，我们也可以在 ChinaJoy 展览中玩角色扮演、购物；在多媒体展的作品里自拍、游戏；在网红展中社交、发呆……展示空间融合了多元的文化，为我们提供了更多的休闲可能，而这种休闲、娱乐、沉思、发呆也是我们的生活方式的一部分。

11.4 什么是策展

（1）策展行为

因为有意义，所以我们策划展示空间，努力使之落地并产生影响，<u>这种行为被称为策展，专注于这种行为的人被称为策展人</u>。但是问题来了，这似乎与我们所熟知的"策展"好像有点不同，难道会展策划也算策展吗？所以有一个概念我们要厘清：狭义策展和广义策展。

（2）狭义策展

狭义策展大致包括艺术型策展、博物馆策展和商业型策展。

艺术型策展是指在美术馆、画廊等空间进行的，关于艺术类作品的展示行为策划、设计、营造与运营的组织及实践，比如艺术家策划的画展、装置展、空间展、多媒体展等。这类展览一般比较天马行空，很多观众可能看不懂。

博物馆策展是指在博物馆空间进行的，与博物馆的内容和主题相关的延伸展览。这类展览一般主题鲜明，学术性较强，空间严谨、端正，而且大都是公益性的，多由博物馆的策展部门或学术机构的策展人完成。

商业型策展是指在商业空间，如步行街、商场、超市、综合体等进行的，以营利为主要目的的策展行为。这类展览一般主题多样，强调趣味性、普适性、传播性，大多由商业公司的策展人引入、改良或原创。

在狭义策展的概念里，策展行为是局限于以上三个空间里，由专门人员创作的。但要强调的一点是，现在，这三种策展行为的空间边界和内容边界已经越来越模糊，我们经常可以在一个商业空间里看到美术展、学术展，也可以在一个博物馆里看到商业展、美术展。三者的融合本来就是行业的发展趋势，因此，以上描述仅为了帮助大家厘清策展类型的概念，在实践中不必拘泥于此。

（3）广义策展

广义策展包含一切展览类型的空间策划、设计、营造与运营的组织及实践。大家比较熟悉的展览分类方式是以时间来界定的。固定展：3~5 年，甚至十几年不做太大的变更，如博物馆的基本展陈。半固定展：2~6 个月，最长不会超过 1 年，如商业展示空间里的售票展。临时展：3~5 天，以短、平、快为主，多以展览馆为载体，如各种类型的展会。

近些年，随着大文旅业态的发展，以空间为概念的广义策展理念也逐渐被大家接受。展项：细胞式的展览形式，如各类公共雕塑、装置。展览：一个拥有独立或完整故事线的展。展区：以许多展览为机体的空间，如 SKP-S 主题商场的各个主题展示区。展馆：拥有完整的空间规划，以一定逻辑设置展区、公共空间及配套设施的空间。展域：包括上述各类展示行为的空间，如文旅小镇。展项、展区、展馆、展域这几类展示空间的展览策划、组织与落地都可以算是策展行为。

总结：无论在传统博物馆、美术馆空间还是更大的空间，只要存在展览策划的思维形式、营造特点及运营活动，都算是策展行为。

（4）策展人

大部分人认知里的策展人都是狭义策展概念里的策展人，而且大家很容易产生一个误会：只要你策划或者参与展览，就是策展人。但实际上，你必须具备多工种的综合技能，并将它运用于展览全程，才可称为策展人。

我对策展人的总结是：能够主导策展的全程，通过展览产生影响，并对它进行评价的创作人。这其中有五个要素：主导、全程、影响、评价、创作。

主导：必须拥有人事权、物权及财务权，至少拥有项目的主要话语权。

全程：必须了解整个策展产业链，并在项目落地过程中产生影响。

影响：必须懂得传播，也就是信息连接，可以像影视作品、小说、画作一样，通过策展来表达你的观点，并将它大众化。

评价：必须拥有鉴赏能力和一定的学术水准，至少是某个领域的半个专家。

创作：必须是主创、决策者，而不是辅助人员。

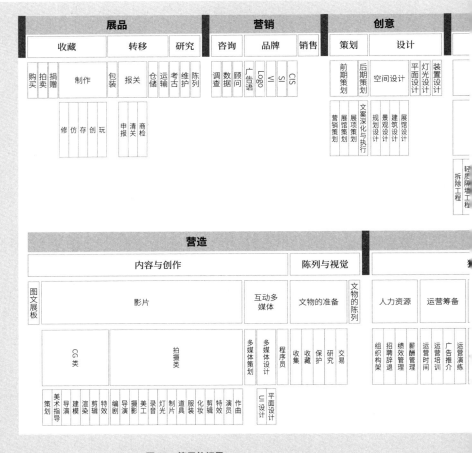

图 29 　策展的视界

12 策展产业链

展览展示行业是一个覆盖面巨大的行业。所以, 它拥有与之对应的巨大的产业链和产业生态体系。我将策展产业链分为五大板块: 有物可展——展品; 有利可图——营销; 有话可说——创意; 有活可干——营造; 有远可为——运营。为了让大家直观地理解, 我制作了一张"策展的视界"示意图(图 29)。

营造												
硬装与软装		硬件与软件										
		软装		硬件							软件	
表面工程	安装工程	造景造型	家具	布艺	灯饰	园艺	配饰	影院	沙盘	显示系统	成套设备	数字化 / 集成
油漆工程 / 饰面板(砖)工程 / 裱糊与软包工程	雕塑 / 蜡像 / 半景画 / 立体画 / 砂浆 / 玻璃钢							投影机	显示器 / 游乐设施 / 灯光 / 展柜 / 娱乐 / AR / VR / 喷泉 / 通电玻璃 / 激光 / 传感设备 / ……			

运营						
	广义运营					
理	财务管理	基底调研	项目定位	空间规划	业态规划	招商管理
环境管理	预算决算 / 会计核算 / 其他事项	区域评估 / 地块评估 / 立体评估	管理体系 / 层次 / 档案 / 品牌	室内空间 / 户外空间 / 配套空间	动线规划 / 展览展示 / 商业服务 / 公共服务 / 业态配比	招商策略 / 招商类型 / 合作模式 / 招商工具 / 合同管理 / 运营期招商

策展的视界

12.1 展品（表12）

"物"是构成一切的基础。

表12 展品

收藏								转移					研究		
购买	拍卖	捐赠	制作					包装	报关			仓储	运输	考古	维护	陈列
			修	仿	存	创	玩		申报	清关	商检					

（1）"物"的概念

物，万物也。牛为大物，天地之数起于牵牛，故从牛。

——《说文解字》

物以群分。

——《礼记·乐记》

四时之散精为万物。

——《淮南子·天文训》

物也者，大共名也。

——《荀子·正名》

哲学上关于"物"的概念有许多观点和讨论，在本文，我使用一个简单的标准："物"即可感知。一个杯子，有温度，有触感，我们可以碰到它，所以它是"物"，是"展品"；一段影片，虽然不可直接触摸，但我们可以看到它、听到它，所以它是"物"，是"展品"；力学三大定律，虽然不可见、不可触摸，但我们可以通过道具的演示感知它，所以它也是"物"，是"展品"。

(2)"物"有哪些类别

存在的实"物":眼可见,手可触,鼻可嗅,耳可听,可感知的具体的实物,如出土文物。根据《国有可移动文物普查——文物分类标准(试行)》,文物的分类标准如表13。

表13 文物的分类标准

序号	类别	内容及举例
1	金银器	除货币、雕塑和造像以外的,以金银为主要材质的各种生产工具、生活用品及工艺制品等
2	铜器	除货币、雕塑和造像以外的,以铜为主要材质的各种生产工具、生活用品及工艺制品等
3	铁器	除货币、雕塑和造像以外的,以铁为主要材质的各种生产工具、生活用品及工艺制品等
4	陶、泥器	彩陶、黑陶、红陶、灰陶、釉陶、白陶、紫砂、彩绘陶、珐花、生坯、泥金饼、泥丸等工艺制品及陶制建筑构件、陶制生产工具与生活用品等
5	瓷器	彩绘、颜色釉等各类瓷质制品
6	砖瓦	画像砖、城砖、砖雕、墓砖、影作、象眼、板瓦、筒瓦、瓦当等
7	宝、玉石器	玉、碧玺、玛瑙、翡翠、各类宝石、珊瑚、琥珀、蜜蜡、钻石、芙蓉石、松石、石榴石、晶石、橄榄石等制品及原材料
8	石器石刻	石质工具、碑刻、墓志、经幢、画像石、法帖原石等
9	漆木竹器	各类漆制品、木质家具、竹藤质家具、生活用木器、木质工具、木刻板、牌匾、竹木简牍,以及竹、木、藤、草、核、匏质工艺品等
10	绘画	各类民间美术平面作品、中国画、油画、版画、素描、速写、壁画、漆画、宗教画、织绣画、连环画、贴画、漫画、宣传画、剪纸、年画、纸编画等
11	书法	创作作品、写经、对联等
12	拓片	甲骨拓片、瓦当拓片、古币拓片、砚铭拓片、画像砖石拓片、铜器拓片、碑刻拓片等

续表

序号	类别	内容及举例
13	珐琅器	金属胎珐琅、瓷胎珐琅、玻璃胎珐琅等
14	玻璃器	各种玻璃、琉璃等制品及料器等
15	骨角牙器	卜甲、卜骨、犀角、其他兽角骨、象牙、其他兽牙、玳瑁、砗磲、螺钿制品及原材等
16	纺织（绣）品	各类棉、麻、丝、毛制品、缂丝、刺绣、堆绫等
17	皮革	各类皮革制品
18	玺印	各类质地的官印、玺、押、封泥、印章、印范等
19	文具、乐器、法器	各类纸、墨、笔、砚等，乐器，法器
20	货币	贝币、铜钱、纸币、钱范、钞版、金银铤锭、金银币、纪念币、其他金属货币、外国货币、电子货币卡等
21	雕塑、造像	各种质地的立体雕塑和宗教造像等
22	古代人类遗体遗骸	人类遗骨、遗体等
23	文献图书	古籍、舆图、信札、奏折、诰命、契约文书、经卷、试卷、药方、剧本、歌本、报刊、历史档案、会议记录、讲稿、决定、日记笔记、合同文书、手稿、标语、题词、统计数据等
24	徽章、证件	勋章、胸章、臂章、领章、帽徽、肩章、列章、像章、纪念章、证章、奖牌、奖杯、出生证、身份证、出入证、工作证、学生证、准考证、毕业证、通行证、购物证、护照、士兵证、军官证、聘书、代表证、结婚证、离婚证、死亡证等
25	邮品	邮票、实寄封、纪念封、明信片等
26	票据	门票、车船票、机票、供应证券、税票、发票、储蓄存单、存折、支票、彩票、奖券、金融券、单据等
27	音像制品	原版照片、胶片、唱片、磁带以及珍贵拷贝等各种录音录像制品
28	交通、运输工具	轿子、人力车、兽力车、汽车、船筏、飞机、摩托、火车等民用工具

序号	类别	内容及举例
29	度量衡器	各类质地的尺、权、砝码、量器、秤等用于物体计量长度、容积、重量的器具
30	武器装备、航天装备	各种兵器、弹药和军用车辆、机械、器具、地图、通信器材、防护器材、观测器材、医疗器材、被服等，以及其他军用物品，火箭、宇宙飞船等航天装备
31	古脊椎动物化石和古人类化石	古猿化石、古人类化石、与人类活动有关的第四纪古脊椎动物化石
32	其他	未归入以上各类的通信、生产、生活工具或用品，如钟表、仪仗、盆景、仪器、化学制品、建筑工具、纺织机械、照相机、放映机等

创造的虚"物"：可见、可听，但不可具体触摸的造物，如全息影像、数字化内容，因此许多多媒体展、影像展里的内容也可视为展品。概念的产"物"：不可以直接感受，但可以间接获取的内容，如观点、概念、思想、定义等，虽然这类内容本质上是"心"的领域，但也是我们展示对象的一种，所以将其放入"物"的体系。

（3）"物"从何而来

本文所讲的从何而来指的是，实物的来源渠道和虚物的来源渠道。在博物馆界，展品的来源有严格的规定，具体可参照《中华人民共和国文物保护法（2017 年修正本）》。

第四章　馆藏文物

第三十七条　文物收藏单位可以通过下列方式取得文物：

（一）购买；

（二）接受捐赠；

（三）依法交换；

（四）法律、行政法规规定的其他方式。

国有文物收藏单位还可以通过文物行政部门指定保管或者调拨方式取得文物。

第五章　民间收藏文物

第五十条　文物收藏单位以外的公民、法人和其他组织可以收藏通过下列方式取得的文物：

（一）依法继承或者接受赠与；

（二）从文物商店购买；

（三）从经营文物拍卖的拍卖企业购买；

（四）公民个人合法所有的文物相互交换或者依法转让；

（五）国家规定的其他合法方式。

文物收藏单位以外的公民、法人和其他组织收藏的前款文物可以依法流通。

简单来说，博物馆的展品来源合法即可。而有一些博物馆，在展品不够丰富，或者缺少"镇馆之宝"，又或者需要一个非常有吸引力的"传播点"时，也会通过以下五种方式来制作展品。

1）修修补补"修"一件

文物修复是一个非常烦琐而细致的专业，大体上可分为绘画类、古籍类、陶瓷类、壁画类、金属类、木质类、其他类，每一个类别都有专门的修复工艺与技法，对修复师的要求也极高。纪录片《我在故宫修文物》讲述的就是几类文物修复的故事。

2）分身乏术"仿"一个

当原件已损毁或遗失，或者办展时原件无法出现，怎么办？仿制一个。不过，根据《博物馆条例》第四章第三十条，"博物馆举办陈列展览，应当遵守下列规定：（四）展品以原件为主，使用复制品、仿制品应当明示"。

3）**数字信息"存"一个**

文物原件若保存不当，有可能会发生损毁，为了信息最大化保存和研究的便利性，许多国家和组织已经开展了长期的文物数字化工作，比如中华文明国家文物基因库、谷歌艺术与文化计划的艺术品数据库等。

4）**文化解读"创"一个**

但是，以上的三种方式都属于存量。除此之外，我们还可以让展品"活"起来，讲述展品背后的故事，比如2010年上海世博会动态版的《清明上河图》、2014年南京博物院动态版的《韩熙载夜宴图》、2018年史嘉良导演为江西农博馆创作的《天工开物》数字多媒体长卷，等等，用数字内容再解读、再创造的方式，将原本"曲高和寡"的内容变成"下里巴人"，把文化内容变成新的展品，更易于解读和传播。

5）**文创衍生"玩"一个**

因为博物馆运营思路的开拓，在故宫博物院文创破局的试水下，我国许多博物馆开始了文创产品延伸再创。不只是博物馆，许多主题展览、商业展览、艺术展等展示空间也借鉴这类玩法，文创产品已经成为许多展示空间的一个重要展品来源。注意，大家不要把文创产品的概念囿于"小商品"。2017年，在上海出台的"文创50条"中，文创产品的品类被划分为影视、演艺、动漫游戏、网络文化、艺术品交易、出版、创意设计、文化装备八大产业板块。

除了以上几种方式之外，对于非文物、实物类的展品，我个人非常喜欢去的地方是各地的旧货市场，可以享受"捡漏"的乐趣。当然，在网上采购也可以。而对于虚物的部分，如装置、结构、多媒体内容等，大部分还是要靠自己或供应商团队来"再造"。

简单言之，知识产权（IP）即展品。它的外延其实是无限大的，所以在广域展馆的理论系统中，小到一支笔、一个杯子，大到一个展览、一部剧、一个馆，都可以视为展示空间的展品。

（4）"物"的转移

关于虚物，即数字化的信息内容，原则上，一切数据形式的虚物的转移通过互联网即可完成，在具体工作中，一般采用电子邮件、云盘、在线实时传输等方式进行。小数据量的内容传输采用这些方式十分便利，但是对于大数据量的文件传输，最有效率的方式就是硬盘。如果你的资金比较充足，还可以考虑使用 NAS，构建私有云盘。比较有探索能力和"极客精神"的朋友可以学习一下，这种方式在数据传输、安全性方面都非常强大。

关于实物展品，我们将它们分为非文物类和文物类。非文物类展品转移一般直接通过传统物流渠道即可完成，可借鉴的标准有《展览物流服务基本要求》、《GB/T 30348—2013 国际展品运输服务质量要求》。文物类展品的转移主要依据现行标准进行约束，包括《GB/T 23862—2009 文物运输包装规范》、《出国（境）文物展览展品运输规定》（文物办发〔2001〕036 号文件 2001 年 7 月 30 日）。

另外，不是所有文物都可以出境展览的，国家文物局在 2002 年、2012年和 2013 年发布了三批禁止出境展览文物目录，共计 195 件（组）。

（5）"物"的研究

如果说，人的本质是一切社会关系的总和，那么，所谓物，其实就是一切信息关系的总和。一件展品的背后，可以是一个人、一个家族，也可以是一个民族、一个国家，甚至一个时代。

观众参观展览，除了欣赏展品本身的某种特质——巨大、精致、昂贵、神秘之外，在大多数情况下，更让其觉得富有魅力和吸引力的是展品背后的故事——出现在哪个时代、哪个事件中？谁用过？用来做什么事？引发了什么样的长尾效应？尤其是以博物馆为代表的展示空间，展品背后的信息被不断地挖掘出来，成为佐证历史、诠释文明的"物"证。而对"物"的研究实际上是没有严格意义上的学科划分的，理学、工学、农学、医学、哲学、经济学、法学、历史学、教育学、文学、军事学、管理学、艺术学，各个学科相互交织、跨界，共同构成了对"物"的诠释。

这些诠释构筑成的信息海洋，便是我们策展人构筑展示视界的养料。我们可以忠实地借用这些诠释，但改变它的某种展示逻辑，或借助某种线索，使之更易于理解和传播；也可以创造某个新的故事，将其作为骨架填入血肉之中。"物"的研究，是让物的"信息蚕茧"更加饱满，并让它成为滋养新世界的养分。

12.2 营销

营销学奠基人菲利普·科特勒说"营销的本质就是发现并满足需求的过程"，因而便会产生需求方、需求供应方和新需求的创造者。

（1）需求方

展示的本质其实是信息的储存与传递，因此大到国家、地区、城市的管理者，小到组织、企业、个人，其实都是展示的具体需求者。

国家：国家自然与历史的展示、国家品牌形象的展示、国家产业的展示、国家产品的展示、国家力量的展示……

地区：地区形象的展示、产业与产品的展示、文化的展示……

城市：自然与历史的展示、规划的展示、文化与形象的展示、产业与产品的展示……

组织：品牌的展示、科普内容的展示、理念的展示、发展目标的展示……

企业：品牌的展示、规划的展示、产品的展示、企业文化的展示……

个人：藏品的展示、作品的展示、人生观的展示……

需求创造市场，并朝着专业的分工方向发展，于是就出现了"需求供应方"。

（2）需求供应方

根据展示需求方的需求，可以将展示空间分为三大类：公益型展示空间、半公益型展示空间和商业型展示空间。

公益型展示空间以国有博物馆、规划馆、文化馆为代表，它们是"非营利性永久机构"，目的是"教育，研究，供人欣赏"。它们的营销概念中并不包含太多的市场化因素，主要以"需求采购方"的形式存在——因为要建一个馆，所以需要策划、设计、营造供应商，其需求是明确的、具象的。由于有这样的需求，因此市场上诞生了大量服务于这些需求的展示公司及衍生公司。大型展示公司多以总包企业的形式存在，内部分成各个分工部门，拥有不同等级的资质，形成了一个比较小众但十分繁荣的市场。但是此类展示市场属于"严重依赖市场"，当需求方的需求受到市场环境、政策环境的影响而发生变化时，市场就会产生强烈的动荡。

半公益型展示空间以企业展示空间或运营型的博物馆为主，投资建设主体是企业，一般是免费开放，但又有一定的商业或市场化需求。对于这类展示空间，也有大量的展示企业趋之若鹜。相较于公益型展示空间，半公益型展示空间的投资会相对小一些，对具体产出回报的预期会更大。

商业型展示空间指的是以营利为目标的展示空间，比如公共美陈、橱窗、餐饮、主题展览等皆属此类。此类空间一般希望通过展示来吸引更大的流量，以期获得更高的转化率，实现更大的赢利可能，所以对性价比的要求会较高。商业型展示空间一般有专门的商业展陈企业为其服务，如广告公司、文化传播公司、活动公司、商业空间设计公司等。

（3）新需求的创造者

除了需求与满足需求，还有一件重要的事，就是创造需求。比如智能家居用品，没有它们，我们的生活也不会感觉很糟糕，但有了它们，我们会更舒适些，这就属于创造需求。同样，展示业当中也有大量的创造需求。新消费升级及文旅产业的融合发展，对文化、旅游空间，如展馆、公共空间、旅游景点、文旅小镇等提出了更高的要求。存量文旅空间升级与转型、新文旅空间开发与运营需要新思路，所以博物馆＋商业、博物馆＋文旅、博物馆＋互联网等新空间物种已经慢慢诞生并壮大。在我国文化自信的大战略背景下，这类空间已越来越多。

12.3 创意

一般我们所说的创意人是指策划＋设计，当然，实际上的创意人不只包括他们。策划可以分为前期策划与后期策划，前期策划包括营销策划、展馆策划与展项策划，而后期策划一般指文案的深化与执行。设计一般分为空间设计、平面设计、灯光设计与装置设计，而空间设计根据空间的大小又可以分为规划设计、景观设计、建筑设计与展馆设计。这两大类工种是创意的主力军，他们的具体工作将在第 14 章详细说明。

12.4 营造

如果问什么工作是最复合、最多元的，有人会认为是建筑设计，因为其包含科学、艺术、哲学等。但我认为要论学科的复杂性和科学的融合性、跳跃性，应该是策展。且不论策划与设计的复杂性，仅展示空间的营造就是一个巨大的系统工程。展示空间的营造一般可分为四个部分：硬装与软装、硬件与软件、内容与创作、陈列与视觉。

（1）硬装与软装

如果你有过装修房子的经验就会发现，展示空间的硬装和软装与家装、工装的基本流程差不多，它们的工种基本上也类似，大体如表 14（注意：不要生搬硬套，实际的实施过程千变万化，细节众多，以下内容是为了方便大家理解而做的划分）。

表 14　硬装与软装

硬装																				软装				
结构工程					水电工程			表面工程					安装工程	造景造型						家具	布艺	灯饰	园艺	配饰
拆除工程	轻质隔墙工程	门窗工程	地面工程	顶棚工程	给排水	通风空调	强弱电	幕墙工程	抹灰工程	油漆工程	饰面板（砖）工程	裱糊与软包工程		雕塑	蜡像	半景画	立体画	砂浆	玻璃钢					

（2）硬件与软件

现代展示多基于大量的多媒体硬件而进行，比如显示系统（电视机、投影机、显示器、PC）、音响系统（功放、音箱）、展柜、沙盘、影院、服务器、机柜或其他成套展项等。软件部分指的是对硬件进行数字化管理或集成控制的软件系统（表15）。

表15　硬件与软件

硬件													软件	
影院	沙盘	显示系统		成套设备									数字化	集成
		投影机	显示器	游乐设施	灯光	展柜	娱乐	AR	VR	喷泉	通电玻璃	激光	传感设备	

（3）内容与创作

现在所说的内容一般是指以数字内容为主的图文展板 + 影片 + 互动多媒体（表16）。

表16　内容与创作

图文展板	影片																		互动多媒体		
	CG 类					拍摄类													多媒体策划	多媒体设计	程序员
	策划	美术指导	导演	建模	渲染	剪辑	特效	编剧	导演	摄影	美工	录音	灯光	制片	道具	服装	化妆	剪辑	特效	演员	作曲	UI设计	平面设计

（4）陈列与视觉（表17）

表 17 陈列与视觉

文物的准备					文物的陈列
收集	收藏	保护	研究	交易	

12.5 运营

展示空间的运营可分为狭义运营与广义运营。

狭义运营是在馆域空间内，组织专业人员，针对专门受众开展的服务性活动，包括售票、交通引导、导览、讲解、休憩、售卖、教育培训、技术及安全保障，以及其他可能的服务性内容。简而言之，即让观众在一个特定的空间里获取服务的行为。通俗来讲，即假如你有一家博物馆和一笔启动资金，利用这些资源赢利，从而养活自己及团队的操作过程。

广义运营是在馆域空间外，通过市场定位、营销策划、广告传播、融资操作等方式，在展示空间的生命全周期中，对展示空间进行可持续发展规划与设计的战略性设计过程。简而言之，即在非特定空间对特定对象进行差异性营销的行为。

关于广义运营与狭义运营的细节内容，大家可以回顾"9.2 展示空间的运营框架"的内容。

13　展示技术

策展人被问得最多的问题之一，便是"你知不知道最新的展示技术"。在展开我对展示技术的认知阐述之前，我要强调一下我的核心观点：展馆的最终核心竞争力是<u>策划、设计或策展人的世界观</u>。这就像判断一部影片的好坏，我们绝对不会因为某部影片用了某种设备、拍摄技术或装置就直接判定它是一部好电影。我们看的是内容，是其背后所传达的内涵，以及内涵背后的价值判断。所以，就本质而言，展馆也是这样的。我们绝对不希望展馆变成技术的竞技所，因为它承载着我们对世界的认知和抱负。

可惜，目前我们还做不到。现在依然有大量的展馆在强调自己有当地最大的沙盘、国内先进的中控系统、国际领先的展柜、前沿领域的黑科技，等等，却没有展馆宣称自己有<u>自由的观点、开放的思维、共享的资源和振聋发聩的观点</u>。这个意识的改变可能要用很长时间，所以对展示技术的讨论就无法避免。接下来，我们便聊聊展示技术的本质以及未来的发展方向。为了方便讲述，我制作了一张思维导图，后文将围绕它展开简述（图 30）。

13.1 从本源出发：认知

我们观展的目的是获取认知：这种认知可能是传统意义上的知识，比如出于学习和教育的目的；也有可能是无法具体描述的"感觉"，比如出于休闲和娱乐的目的。但无论出于什么目的，在获取认知的过程中，一定是有信息传递的，而对这些信息的吸收和消化构成了我们的认知。

13.2 认知的获取：感知

信息是要靠感知来获取的，大体上无非是通过五感来获取，所以，展示

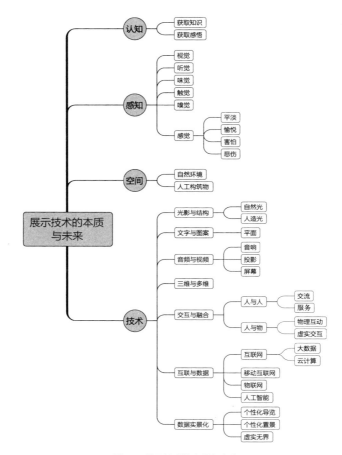

图 30　展示技术的本质与未来

技术一定是服务于人体的感官——要么视觉上出色或中庸；要么听起来美妙或刺耳；要么闻起来愉悦或厌恶；要么吃起来畅快或难受；要么摸上去柔软或扎手，最终达成感觉上的舒适与不适，并通过这些舒适与不适强化你的记忆，让你获取认知。

13.3 感知的载体：空间

这些感知是不能凭空产生的，它可以存在于户外的自然环境里，让你看到湖光山色，听到虫鸣鸟啼，嗅到大地花香，吃到酸甜苦辣，感到身心愉悦……也可以在一个人工的构筑物里，如建筑或街道，让你感知这一切。

策展行为可以发生于以上任意空间，所以展示技术也可以发生于以上任意空间。

13.4 信息的传达：技术

（1）第一阶段：光影与结构

眼睛是主要的感知器官，不管在户外空间还是室内空间，最简单、最直接的传达方式就是光影。在没有电、灯，甚至没有文字的原始文明时期，先人们的主要信息感知来源就是光。白天有阳光，夜间有月光，后来人类学会生火，又有了火光。所以，不要奇怪为什么我们大部分人都对光影有着迷一样的执着，那是刻入我们基因里的认知。

而结构在早期是对光的应用的一种探索。先人发现用物品进行遮挡后会有阴影、图案，并产生变化，还可以在日常生活中遮挡烈日，也会生成"神的告示"或"王的痕迹"等精神崇拜。所以，光影与结构就构成了展示技术最本源的东西，也因此，光影技术是最简单的技术，但也是最伟大的技术，是许多设计师、艺术家毕生追求的极致。雕塑就是结构的一种应用方式。

（2）第二阶段：文字与图案

随着时间的推移，文明进一步演化，却依然没有可控光。但有了文字，也有了图案，那就可以把文字与图案放到光影与结构的空间里去，于是便有了屏风、壁画、元青花、漆器、祈年殿、卢浮宫……在没有经过任何处理的空间里，文字与图案让空间拥有了认知的深度与复杂的变化。所以，不要小看一个个图文面，它同样是非常纯粹和本质的展示手法。而且，图文不只是平面上的表现，也可以是立面上的表现。

（3）第三阶段：音频与视频

声音的传承同样古老，视频的技术历史却不过百年。传统的展示空间多以光影、结构、图文为主，为了让它更富有体验感，有时会加入一些演艺活动，但囿于留声技术，只能实景演出。直到留声机与电影电视技术的发明，展示技术终于跨入了视听时代。原来的墙面上都是文字和图片，人们不禁会想，要是能让它们动起来该多好啊！而现在大家所熟悉的音响设备、投影技术与屏幕技术，便很好地实现了传统展示空间从静态向动态发展的目的。

（4）第四阶段：三维与多维

从静态向动态的发展并不足以满足人们的需求，毕竟人类对更佳体验的追求是永无止境的。时间并没有太久，不过十来年，展示技术就从动态空间迈向了三维空间及多维度空间，出现了立体显示技术，如 3D 技术、多媒体体验技术、VR/AR/MR 技术等。

（5）第五阶段：交互与融合

渐渐地，人们不再满足于简单的视听、漫游，而想要参与其中，融入空间，甚至变成体验的主宰。人们不仅想与人交流，还想和物品产生联系，因而产生了简单的物理互动装置。于是，人们可以在触摸屏上点击，或者脱离屏幕进行体感交互，甚至在一个空间里借助数字媒体技术实现沉浸式体验，而多媒体舞台、多媒体餐厅等便随之发展起来了。

（6）第六阶段：互联与数据

互联网技术、移动互联网技术、物联网技术与人工智能技术将交互推入下一个纪元：<u>数据纪元</u>。展品可以数据化，展示空间的建设可以数字化和数据化，每一个观展行为也都可以转变为数据。通过对数据的分析，展馆可以进行数字化管理，运营也可以得到数据支撑，比如，你的观展数据后台经过统计后，推断你可能更喜欢某一个内容，在后续的参观中，你就会被推送更多类似的图文、音频或视频。

在当下的日常观展过程中，大体上就是用以上这些技术来满足我们的体验需求的。当然，现阶段也不过是初级阶段罢了。<u>讲到这里，大家可能已经梳理出一条关于展示技术的基础逻辑和脉络，并将它们进行归类和划分了。</u>但这并不是终点。

（7）第七阶段：数据实景化

有了数据，有了人工智能，展馆人工智能可以进行自主学习，随着算力和通信技术水平的进一步提升，6G 时代、7G 时代……我们可以预见什么样的体验场景？比如观展体验，展馆人工智能只能给你推送普通的图文信息，或者让你在一个由艺术家定制的多媒体空间里感受吗？也许会出现这种情况：你走到哪里，那里就会根据你的个人喜好将实时的场景迅速地渲染出来。

例如，你到了一个博物馆之后，空间根据对过往数据的分析，发现你是一个"吃货"。于是，当你走到三千年前的一件青铜鼎面前时，它会实时渲染出当时用青铜鼎烹煮食物的立体画面；当你走到三百年前的一个古街区时，后台会实时地渲染出当时的美食，并告诉你现在在哪个景区的店铺有售。而同样的路线，如果你的朋友被判定为"匠人"，当他走到那个青铜鼎面前时，实时渲染出来的是青铜冶炼的过程；在古街区呈现的是它的铸造过程。如果

你不喜欢这种定制，也可以要求后台"普通展示"，那么后台便会按照常规内容进行展示。<u>这才是真正的千人千馆。</u>

当然，这个画面不是 CG 艺术家制作的，而是后台根据无数的考古数据自动推演出来的。这个过程其实就是摆脱传统的人工制作场景，转而通过"宏大数据"进行"宏大分析"（即进行超强计算力的计算）。比如，数据库里有以前人们制作类似场景的数据，也有考古中获取的原始数据，通过"宏大分析"便可实时生成各类画面与场景。这种画面与真实场景的叠加，让你根本区分不出它们的真假。要达到这种程度，没有基础技术的飞跃估计不太容易实现，但现在其实已经出现了这样的苗头和探索。

再开点脑洞，如果你十分喜欢青铜鼎渲染出来的器物，可以直接选择将它实景化，即直接"造物"。未来的 3D 打印技术可能用几秒甚至几毫秒、几微秒便将虚拟的物品打印出来，打印出来的东西虽然是仿制品，但如果数据足够精确，它甚至可以达到与原物毫无二致的程度。既然一件物品可以如此，那么一个房间自然也是可以的，甚至一条街道也有可能。届时，虚拟与现实的世界将无法区隔，真正实现"念出景随，虚实无界"。

综上所述，图 31 列举了这些常见的展示技术，大家可以对照具体的技术名称逐一了解。当然，展示技术远不止这些。

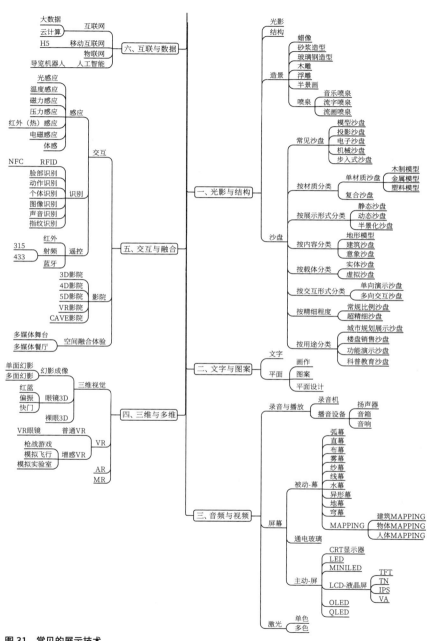

图 31　常见的展示技术

14　策展的工种

如果是一个成熟的团队，商务、策划、设计、项目经理和营造之间配合默契，可以快速地组织并完成项目。各工种的配合因为长期的磨合，虽然似乎不那么有条理，但非常有效。如果是新的团队，或临时组建的团队，并且没有一个"大拿"可以控制住整个流程和环节（这个"大拿"可以是商务、策划、设计或项目经理），各工种之间又没有很好的配合机制，项目是很难处理好的。这其实是很多公司组建团队初期碰到的最严峻的问题，因此，需要了解一个体系化的项目的操作流程，以及在这个体系里，各个工种是如何进行配合与协作的。

在此之前，必须了解的是各个工种的作用——小伙伴都是干什么的？很多人可能对各个工种的工作边界认识都比较模糊。我们的展示空间项目团队一般由商务、项目经理、策划、空间设计师、平面设计师、营造团队等组成。

14.1 商务：寻找、判断与说服

商务的主要作用有两个方面。

（1）判断项目

判断一个项目的靠谱程度，并根据它的靠谱程度决定是否要参与这个项目，如果参与，应该到什么程度。例如，经常有商务拿着一份招标说明书说："这个标半个月以后开标，我们要不要去试试？我感觉机会挺大的。"这么说的人，要么是新手，要么就是别有用心。

（2）说服客户

告诉客户他不得不选你的理由——你的团队、资历、方案，或者你与他的私交。还有一些其他的杂事，包括准备合同、写标书、四下奔走等，虽然很辛苦，但如果止于此，就只是一个敬业的商务而已。

14.2 项目经理：整合、管理与协调

一个项目团队少则两三人，多则十几人，甚至几十人。为了改善团队之间的沟通，减少内部损耗与外部浪费，项目经理这个职位诞生了。项目经理经常被误认为是"全能保姆"，但其实从头至尾只有五件事是其本职。

（1）资源管理

商务觉得某事可为时，便会找项目经理去组织策划、设计、技术人员，项目经理根据项目的情况，确定需要的策划、设计和技术人员的成员数量，并根据项目的重要性，决定是否使用比较好的资源。

（2）进度控制

项目立项后，项目经理从截止日期倒推，计划分配给各个工种多长时间，完成什么内容，并预留缓冲时间。大部分人是没有大的项目格局的，但项目经理必须有——策划在哪个阶段做什么东西，做的东西给谁，空间设计师出的图在哪个阶段反馈给策划。如果项目经理做不好工作的衔接，整个项目过程就会很凌乱。

（3）成本控制

在甲方的预算之内把事做成（满足甲方的成本预期），同时在做成的基础上多一些盈利（压缩乙方的开销）。

（4）质量控制

什么东西在哪个阶段是能用的、好用的，项目经理必须有评断的标准。

如果项目经理不把关，一个策划拿着一级目录就让空间设计师做设计，一个设计师拿着概念草图就让施工方施工，不被打"死"才怪。

（5）供应商管理

所有的解决方案都是需要找供应商的，这项沟通工作也需要由项目经理来执行。

此外，项目经理的工作还有干系人管理、合同管理、风险控制等，详细内容大家可以了解一下 PMBOK（项目管理知识体系）。

14.3 策划：方向、策略与内涵

策划的作用有三个。

（1）帮助商务说服客户

很多商务并不具备专业的展示空间建设技能，他们可能更擅长判断项目或处理人际关系，但在专业技能上需要策划的帮助，告诉客户为什么这样做是最适合他的。这个时候，策划必须挺身而出，说清楚你的项目定位是什么，为什么要用这个解决方案而不是那个，为什么要用我们的方案而不是别人的。如果不能很好地解答这些问题，甲方是不会买账的。很多新手容易在一开始的时候就说我们的技术有多好，设计有多美，可是往往抓不住客户的痛点。

（2）内容与创意的来源

一个展示空间不会凭空而来，它一定是有一个依据的，这个依据就是策划给的内容、框架和细节。简单来说，策划负责内容，将其吃透之后形成框架，设计师在这个框架的基础上决定空间的平面布局及比例，然后在平面上生长出空间，之后才有展项和其他细枝末节。

（3）项目的输出者

简而言之就是汇报、提案。策划要凭口才把自己和设计师的创作传达给甲方，这件事可以由一些能力较强的商务和项目经理代劳，但多数还是由策划来做的，也有专门的提案人。

14.4 设计：创意、视觉与效果

（1）空间设计师

策划负责内涵，设计师则负责美丽。人人都爱效果图，因为它很直观。所以，空间设计师的工作任务有两个。

1）空间的创意

策划准备了一桌好菜，怎么炒要看设计。整体空间的大创意是怎样的？用什么设计元素来贯穿？空间的参观节奏怎样把控？怎样让观众更舒适？怎样减少施工的难度？展项怎么玩？怎样引导观众的互动？能面面俱到地考虑到这些问题的才是好的空间设计师。

2）效果的呈现

这种考验美感的事，拼的是基本功。色彩与材质怎样选择？用什么样的灯光？机位怎么选？怎样合理减少渲染的时间？

（2）平面设计师

另外还有空间的平面设计师，他的工作重点主要表现为以下三点。

1）配合空间设计师和策划，做出合适的上墙平面

平面设计师需要根据策划的内容、空间设计师的设计元素，快速地生成平面解决方案，并制作出图，供空间设计贴图，这个方案有时候比空间设计的工作还重要。

2）汇报方案的美工辅助

大部分策划不擅长做 PPT，或者说不擅长做漂亮的 PPT。想要突出你想表达的内容重点，让对方感觉方案非常专业和到位，平面设计师是强大的助力。

3）现场实施时的平面调整

空间设计师做的方案在现场施工时一定会有大量的尺寸偏差（不是空间设计师的问题就是施工方的问题），所以平面设计师要复核所有的尺寸，重新排版。

14.5 策划与设计的配合

如上所述，策划是整个项目方案策略的主要来源，负责整体展馆的定位、展示内容的框架梳理、展示内容的写作及展示文本的统合，而展示设计则需要根据总体策略设定设计策略、总体设计风格、平面布局、空间结构及展项的创意（展项创意可以由策划和展示设计共同完成）。这两者是整个项目创意的核心，我们在现实场景中遇到最多的问题就是，他们怎样高效地配合呢？

展示策划与展示设计的工作基本上是同步的，在资料收集阶段，展示策划往往会和展示设计一起进行现场考察。考察回来后，展示策划要把得到的资料形成一个完整的资料包，通过分享会的形式分享给展示设计及其他小伙伴。分享会之后，展示策划将制定的展示主题和展示大纲交给展示设计，展示设计依据这些大框架制作出空间的平面布局。

在平面布局的基础上召开头脑风暴会议，确定整个策划思路、设计思路、设计元素、设计形式、展示形式、空间表达等。确定之后，展示设计将进行空间的设计和展项的设计，通过手绘原画或建模渲染出效果图等方式进行空间表达。在这个过程中，展示策划将所有的资料汇总到一起，按照自己的汇报逻辑或文本逻辑，制作汇报方案或投标方案。图 32 是对上述流程的细化，是我们在长期工作过程中摸索出来的比较合理的工作方法，供大家参考。

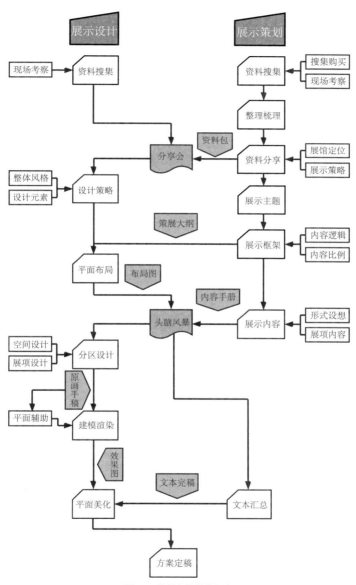

图 32　策划与设计的配合

14.6 营造：创想、创新与创造

在展示项目里，我们一般把硬软装施工团队、技术研发团队、影像内容团队统称为营造团队，他们负责的内容包括两个方面。

（1）提供解决方案

空间设计师设想了一种展项互动形式，但并不知道它能不能实现，这时候营造团队可以根据自己的经验和认知，给出解决方案的建议。这对设计师来说是正向的反馈，有利于项目的落地。

（2）攻克技术难题

对于新的创意和新的互动需求，在现有解决方案无法满足的情况下，营造团队就需要提枪上马，进行技术攻关了。总而言之，其实就一句话：这东西能这么玩吗？能，上；不能，想方法试试；实在不行，换。

而紧跟营造工种的是运营工种，它的工作内容是维持、营销与持续，这部分在"9.2 展示空间的运营框架"中有详细的说明。

15 策展的核心要素

本章是对前面 14 章内容的学术性总结，目的是用最简洁的语言将策展工作最核心、最关键的东西表达出来，让大家一看就知道怎样去思考，怎样做方案。经过数年的归纳总结，经过一次次的"奥卡姆剃刀"，我得到了以下四个词，并称之为策展四要素，即定位、内容、空间、运营。图33 用更直观的"策展之树"的形式阐述了四个要素各自的内涵。

· 扫描本书封底二维码，公众号后台发送"策展"，获取高清大图；亦可见附赠图册

图 33　策展之树

15.1 定位

我在策展时都会习惯性地先问一个问题：你到底要做一个什么样的馆？这个问题有两层含义：第一层含义是客户需要一个什么样的馆；第二层含义是我们还可以做一个什么样的馆。你可能会问："这不是一样的吗？"大多

数情况下它们是一致的，我们是来解决问题的，你想要什么，我帮你做出来就好了。但有时候情况又有所不同，客户毕竟不是专业的策展人，他对馆的认知和我们的认知是不一样的，他认为已经很好、能解决问题的馆，在我们眼里可能已经过时很久了，所以很多时候需要对客户进行引导。

（1）第一层含义：客户需要一个什么样的馆

前文在策展项目的前期咨询与调查中已经详细地说明了如何收集与调查客户的资料，这一过程的目的是了解客户的核心焦虑，知道他想解决什么问题，想花多少钱、用多少时间去解决问题，甚至要知道策展是不是最好的解决方案。如果从客户那里所获取的资料是片面的，甚至断章取义，就容易因此产生谬误。

2020 年，我曾参与某科技企业的企业展厅项目投标，不管甲方还是我们的项目经理，或者其他渠道提供的信息都表明，这个企业里是一群有情怀的人，想做一份有情怀的事业，所以想打造一个有情怀的展厅，而不希望展厅非常炫酷。于是，我没有像以往那样进行更广泛和全面的调查，就以情怀为方向进行了创作，结果很不理想。之后，我重新复盘，在详细调查后发现，这家企业已经陷入了资金困境，他们做馆的真正目的是更好地融资。而作为一家科技型企业，对产业前景和企业实力的描述才应该是核心重点，而不是一群创业人的情怀故事。作为策展人，没有进行全局的判断，的确是我的失职。这个案例使我得到的教训是，不管在什么样的情况下，都要尽量亲力亲为地进行调查工作。

那我们的调查工作以下列五个维度为主。

1）城市的维度

国家政策：这个项目有没有国际战略背景；国家的战略是什么；国家的

指导性意见是什么；有没有具体的方向性政策甚至实施细则，如高质量制造、文化产业、民族政策等。

地区政策：根据国家策略，各个地区或城市如何结合当地特色匹配国家的发展需求，并制定自身的发展重点，比如同样的制造业，在上海、重庆、江西的重点完全不同。

城市战略：根据省级或区域性的指导战略，城市的发展方向是什么；重点产业有哪些；新兴战略产业是哪些；公共文化战略是什么；这个项目与这个城市的发展战略有没有关系、关系有多大，怎样实现其发展战略。

从政策的维度出发，能让我们的项目不发生大的偏移，甚至可以直接找到项目的破局点。

2）产业的维度

产业维度的考量更多的是针对企业类展厅或体验空间，企业的发展一定是与产业或行业的发展息息相关的。

行业发展趋势：这个行业是不是国家重点发展的行业；这些年它的发展势头如何；其战略重心在哪个区域；行业已经形成了什么样的发展格局；龙头企业是哪家。这类信息一般可以通过咨询公司、调查公司或证券公司的行业报告获取。

委托方的地位：对行业内主要竞争对手进行分析，以了解委托方在行业内的地位及发展情况，方便制定展示策略——怎样帮助这家企业进行差异化展示；突出什么重点，是产品、服务、技术，还是其他。

企业的诉求：这家企业缺的是什么？是企业大到一定规模，想回馈社会；企业资金紧缺想融资；升级企业形象打品牌；抑或只是想纯粹地多卖点产品。

3）业态的维度

同类项目调查：比如，博物馆至少要调查一下所在地现状博物馆的数量及情况，周边城市及地区的博物馆数量及水准。如果要求比较高，还需要调查国外与国内比较好的博物馆，看看同类企业是怎么做的，他们是第几代展馆，我们要比他们先进多少，以及在哪些方面先进。

与历史项目的对比：这个展馆在城市或企业过去的时间里有没有 1.0 版或上一代版本；它的定位与手法是什么样的；我要怎么做才能比过去更好，甚至引领一个行业的展馆发展。

4）地块的维度

一个地块适合做什么很多时候是先天性的，然后才是后天性的变化。综合来说，在考察地块时，周边现状情况（地理区位、交通、人流量）、周边项目规划、项目基底情况（投资预算、面积、规整度、层高、楼层高、朝向、光环境、楼板厚度、柱间距、消防、配套设施）等要素你都得了解，并规避它们可能带来的问题。

5）个人的维度

以上都是站在"绝对理智"的角度，以一个"经济人"的视角进行分析，但是，除了纯理性的因素，还有一个更关键的因素——人。人有喜怒哀乐，亦有认知偏差，同样的一项政策，不同的人会有不同的理解重点和解题方案，甚至会带入个人的成长经历、审美、专业背景、喜好等，所以不得不查。

（2）第二层含义：我们还可以做一个什么样的馆

甲方需要一个能解决他们问题的馆，但因为他们不一定非常专业，所以他们认为的解决方式不一定是最好的，比如，他觉得我只需要一个"陈列式"的静态博物馆就可以了，但是这类馆早已过时，市场上早已有了"沉浸式"的动态博物馆，这时你就应该把博物馆的发展现状、体验方式以及你认为可能更适用的方式推荐给他，而不是顺从地就做一个"他认为对的东西"。再次强调，没有哪个项目是孤立存在的。

通过上述的维度思考，我们大致就能判断出项目在区域或城市中扮演的角色，以及在委托方战略里扮演的角色。例如，"智慧城市发展试验田""城市文商旅转型破局之作""企业综合营销阵地""升级加速器"，等等。还可以根据我们更专业的视角，告诉他在技术定位层面，你应该做的是"陈列式"的博物馆、"影像化"的数字博物馆，还是"沉浸式"的动态博物馆。依据以上分析，我们就能把展馆接下来的三个维度的策略制定出来。

1）内容策略

知道委托方的真实目的，你就能站在他们的角度，用我们的专业来表达，并且知道应该讲什么、哪里点到为止及哪里是重点。内容策略的制定会有许多差异，但一般情况下是从它的广度、深度与精度几方面来制定的。比如，一个以教育为目的的生态科普中心，它的内容应尽量全面，覆盖中小学生的课表知识点，同时，可以侧重于他们的本土生态，并且在局部知识点上较为详尽，以点带面地让观众深入体验。一个以提供产品解决方案为主的企业展厅，它的客群一般是专业观众，普通的科普就大可不必了，可以直接上重点，细化产品差异与细节。

2）空间策略

根据定位与内容，我们就可以大体上知道这个展馆的设计方向——奢华、中庸或朴实；国际化或本土化；体验式或速览式；庄重的或明快的；等等。

3）运营策略

根据定位、内容及空间策略，我们的运营策略也可以大体上明确下来——自主运营或外包运营；商业化或公益化；VIP 服务式或大众化；需要可持续运营或打一枪换一个地方。总而言之，整体推导过程从定位出发，层层递进，并最终落实到运营上。

15.2 内容

根据定位将内容策略制定好后，接下来就要展开对内容的创作了。如前文反复提到的，我们要阅读大量的资料，并将它们进行筛选和精简。通过挑选书籍、筛选资料，最终得到自己的学术大纲以及故事大纲。就像面对一棵树，我们要先观察整个树形，了解它的枝干和树叶——根据项目的定位设置我们想要表达的核心观点，这个核心观点就好比树的轮廓和形状，我们要用自己的语言表达能力，像园丁修剪树冠一样，把核心观点剪出我们想要的形状。

大体过程就是如此，前文已经有大量的阐述，具体方法不再赘述。总而言之，这个部分要展现的是你的核心观点，以及为这个核心观点准备的学术大纲或故事大纲——它有时候会如同"过去、现在、将来"一样简单，有时候也可能是一个完整的展览文本。对展示策划来说，这部分是核心。

15.3 空间

内容部分的工作为空间部分提供了足够的支持，哪个部分占多大的比例，谁先讲、谁后讲一目了然。那么设计师应该怎么做呢？

首先是整体空间体验的设计，他要根据内容进行整体空间的布局，并根据布局进行人行动线的规划及物流动线的规划，这样整体的空间格局规划就出来了。虽然看起来只有寥寥数语，但这个过程对设计师来说可能是非常繁杂的系统性工作。

然后在平面的基础上生长三维空间，从户外到室内，从 a 厅到 b 厅，再到 c 厅及后续的各个展厅，引导观众像参观一个完整的展馆一样去体验每一个空间，并根据参观的逻辑将效果图呈现出来。如果有空间展示技术的细节，还要把展项的细节也一并进行说明。策划与设计师的工作过程可以回顾"图

32 策划与设计的配合"。

空间创作好之后，需要画施工图，并最终把馆建出来。其营造分为四个部分：硬装与软装、硬件与软件、内容与创作、陈列与视觉，大家可以回顾12.4 的内容。当然，展馆的项目经理要考虑的会更多，如怎样组织施工力量、安排施工计划、使用规划资金，如何保障运营及售后……

15.4 运营

展馆建好了，我们要运营它，使之产生可持续的影响。在策略层面，运营分为狭义运营及广义运营，而关于广义运营，还有三种解决方案可以补充。

（1）内容解决方案——知库展馆

没有内容的展馆是不可持续的，因此从长远的战略去看的话，不管采用引进还是原创的办法，建立展馆本身的内容库是必要的，而且是将来所有可能性的基础。内容产业的范围极广，分类形式也多种多样，有按硬周边和软周边分类的，也有按产业分类的，不一而足。上海市 2017 年印发的《关于加快本市文化创意产业创新发展的若干意见》中具体提到了内容开发的诸多可能性和界定，大致是全面的。

（2）空间解决方案——多维展馆

空间是我们面对观众的直接载体，分为三类：线下空间、线上空间和线下线上融合。

1）线下空间

常规的认知是把展馆当成一个封闭的空间，1000 平方米就是 1000 平方米，但在我的眼里，展馆从来不是空间上的独立个体，就像我在前文提到的，没有哪个项目是孤立存在的，对我而言，展馆是打开的，是没有空间壁垒的。

2）线上空间

互联网为展馆带来了更多的可能，从传统的虚拟展馆、电商、自媒体，到近些年的AR、VR技术，互联网的融合体验多样且新奇。

3）线下线上融合

如果打通线下与线上空间，展馆的形态会是什么样的？现在火热的元宇宙就是它的一种解决方案。

（3）品牌解决方案——广域展馆

市场的变化十分迅速，以前是多年一变，现在很可能是一年多变。一会是暗黑流，一会是呆萌风，一会又是怀旧群，如果采用跟风的办法，很可能等你发现苗头、制作内容，推出时已然过时。因此，面对快速变化的市场，要做的就是借助知库展馆的内容积累，进行多维度的渠道建设，并根据当下的营销目标快速地反应和输出。这样的展馆才是可持续的展馆。以上内容可简化为一张思维导图（图34），大家想想看，这不就是我们创作一个方案时的PPT汇报方案全流程嘛！

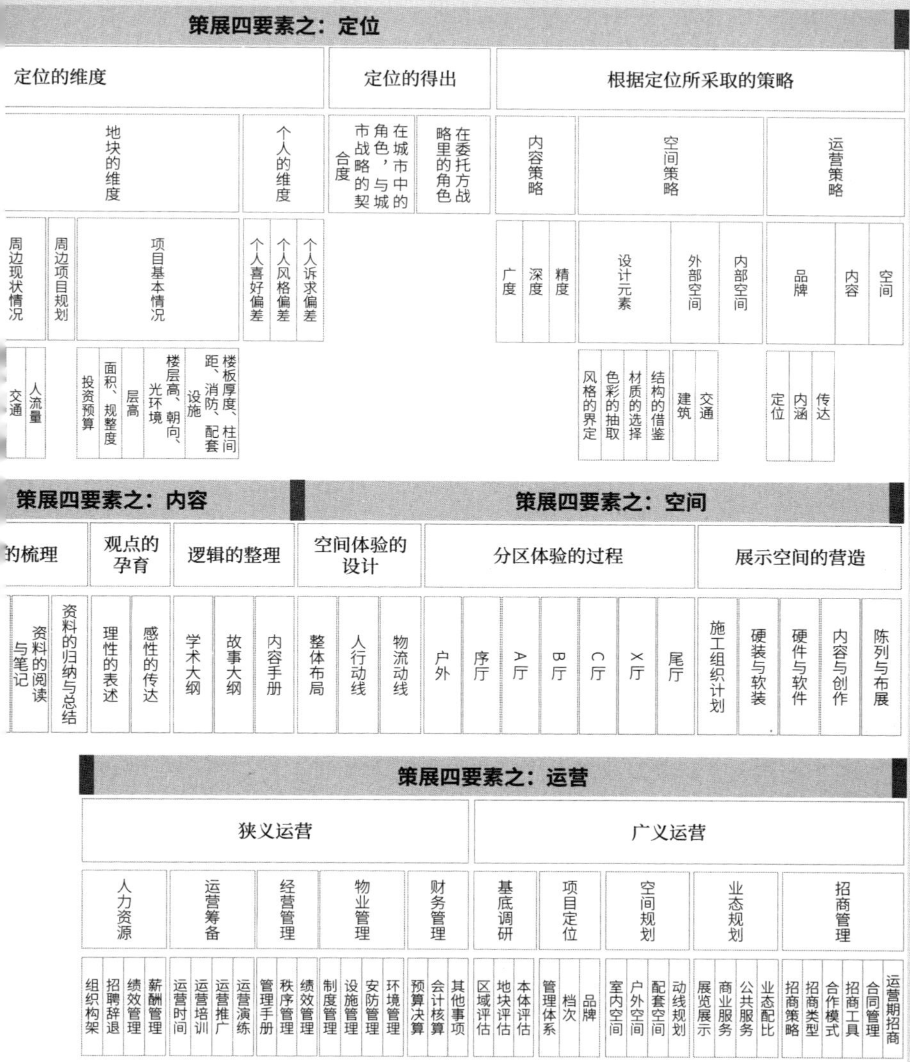

策展四要素之：定位

定位的维度	定位的得出	根据定位所采取的策略

定位的维度
- 地块的维度
  - 周边现状情况
    - 交通
    - 人流量
  - 周边项目规划
    - 投资预算
  - 项目基本情况
    - 面积、规整度
    - 光环境
    - 楼层高、朝向、设施
    - 楼层、消防、配套
    - 距、柱间
    - 楼板厚度、层高
- 个人的维度
  - 个人诉求偏差
  - 个人风格偏差
  - 个人喜好偏差

定位的得出
- 市场战略的契合度
- 在城市中的角色，与城市
- 略在委托方战略里的角色

根据定位所采取的策略
- 内容策略
  - 广度
  - 深度
  - 精度
- 空间策略
  - 设计元素
    - 风格的界定
    - 色彩的选择
    - 材质的抽取
    - 结构的借鉴
    - 建筑
    - 交通
  - 外部空间
  - 内部空间
- 运营策略
  - 品牌
    - 定位
    - 内涵
    - 传达
  - 内容
  - 空间

策展四要素之：内容

- 的梳理
  - 资料的阅读与笔记
  - 资料的归纳与总结
- 观点的孕育
  - 理性的表述
  - 感性的传达
- 逻辑的整理
  - 学术大纲
  - 故事大纲
  - 内容手册

策展四要素之：空间

- 空间体验的设计
  - 整体布局
  - 人行动线
  - 物流动线
- 分区体验的过程
  - 户外
  - 序厅
  - A厅
  - B厅
  - C厅
  - X厅
  - 尾厅
- 展示空间的营造
  - 施工组织计划
  - 硬装与软装
  - 硬件与软件
  - 内容与创作
  - 陈列与布展

策展四要素之：运营

狭义运营
- 人力资源
  - 组织构架
  - 招聘辞退
  - 薪酬管理
  - 绩效管理
- 运营筹备
  - 运营时间
  - 运营推广
  - 运营培训
  - 运营演练
- 经营管理
  - 管理手册
  - 秩序管理
  - 绩效管理
  - 制度管理
- 物业管理
  - 设施管理
  - 安防管理
  - 环境管理
- 财务管理
  - 预算决算
  - 会计核算
  - 其他事项

广义运营
- 基底调研
  - 区域评估
  - 地块评估
  - 本体评估
- 项目定位
  - 管理体系
  - 档次
  - 品牌
- 空间规划
  - 室内空间
  - 户外空间
  - 配套空间
  - 动线规划
- 业态规划
  - 展览展示
  - 商业服务
  - 公共服务
  - 业态配比
- 招商管理
  - 招商策略
  - 招商类型
  - 合作模式
  - 合作工具
  - 合同管理
  - 运营期招商

图34　策展四要素

16 策展的未来

16.1 根本的战略性转变

传统的展示行业一直存在一个重要的争论：内容与传播哪个重要？

倾向内容的学术派认为，内容决定一切，没有内容这一基础，所有的外延都是虚假的，是空中楼阁，所以要挖掘文化内涵，内容要厚、要重，要系统化，要有更多延展，展览要有信息量，且一定要让观众看懂、看明白，否则传播无从谈起。时间轴应该放得长一点儿，从百年甚至千年的角度去看一个东西，那么你会发现"内容恒久远，传播一瞬间"。

而倾向传播的一派则认为，内容一定要适于传播，内容再好，但观众不喜欢，不认同，那做的东西又有什么意义呢？不就变成了少数人的娱乐了吗？文化应该是大众的、全覆盖的，我们不仅要有内容，还要有各种诠释的方式，让内容变得有趣、新颖。要让大家愿意接触、爱玩，能够互动起来，甚至观众可以看不懂展览，但内容一定要具有体验性、高趣味性。必须让大众知道内容的存在和重要性，那样才能够刺激、触发他们去研究、观察，然后才有可能把其背后的东西挖掘出来，不然可能连"恒久"的机会都没有。

当然，这两方从来不反对对方的存在，只是他们对这两者的重要程度会有诸多的争论，各持己见。也许会有人觉得两者可以融合一下，可是，人是很难放下自身的执着的，而且在实际项目操作中，有时候也确实很难兼顾。

这种话题的争论其实是有利于展示界的发展的，将来内容与传播并重的优秀展览必然会越来越多。但是，这两方似乎都同时忽略了一个问题：<u>大众凭什么要去看你做的展览？因为内容好或传播得好？</u>世界那么大，诱惑那么多，是串不好撸，街不好逛，电影不好看，咖啡不好喝，还是景点不好打卡？人家凭什么舍弃它们而去看一个所谓内容丰富、互动有趣的展示空间呢？论有趣好玩，游乐园不更好吗？即使是收费的，但是也可以拍照发朋友圈。展示界只是巨大信息流中的一小块，它面临的问题其实是和整个大信息世界争夺有限的眼球资源。在成熟而套路化的商业竞争面前，展示界羸弱不堪。这个问题不是内容问题，也不是传播的问题，而是市场策略的问题。也就是说，你怎样从市场上吸引这么一大拨人来到你的展示空间？观众选择和判断的基础在哪里？

如果展览是这样的："中国最萌的博物馆""中国最潮的博物馆""幼儿教育首选的科普教育基地""少儿户外体验第一科技馆品牌"……大众看到这样的描述后会觉得"哦，原来是这样子，那我得去看看，这些可比其他东西有趣多了"。然后，他们才有可能获得有趣的体验，通过有趣的体验了解背后丰富的内容，再通过丰富的内容回头去"泡"这个展示空间，进而形成一种消费习惯，变成展示空间的"回头客"。简而言之：让展示空间成为人们生活方式的一部分。

看，它的逻辑不是传统博物馆的"运营—内容—空间"，而是"定位—内容—空间—运营"。如果说策展人是项目经理、策划、设计师、出品人的综合体，那么展示空间策略人就是策展人和职业经理人，甚至投资者的综合体。按照一般的市场商业逻辑，展示空间策略人的思考路径应该如下。

第一，我是谁？我的项目与其他项目有什么不同？市场需要什么样的展览或展示空间？

第二，如何通过我的主业——展示体验，来解决市场的问题，形成价值交换？

第三，怎样为这个项目寻找一个最容易被成年人接受的传播点，形成一个独立、清晰的品牌？

第四，根据这个品牌定位，怎样规划出我的传播体系、内容体系和运营体系？

第五，我应该带什么样的人去执行、构筑这个体系？我可能要花多少钱、多少时间？

第六，这个团队的架构是什么样的？激励策略是什么？怎样让这个团队实现自运转？

这就是展示空间策略人，一个把展示空间当成企业来运营的 CEO。市场正在不断地扁平化，国家也越来越希望传统展示行业市场化，良性运营，成为国家的"产业引擎"。未来十年，传统博物馆的商业化趋势必然进一步加速，展示界的市场化运营也必然达到一个新的高度。

16.2 从"生态圈"到"新物种"

展示空间的运营有一个"<u>三体定律</u>"。

（1）第一个核心：体量

<u>小体量</u>的空间是很难支撑起观众的体验的。当然，你可能会反驳说：那些网红店只是一个几十平方米的店，大家却争相打卡。这里我要强调一点，我说的体量需要把时间轴线放长一点儿。网红店的生命周期是很短的，放到 3~5 年的周期里，实际上只相当于大海中的一朵小浪花。

（2）第二个核心：体验

既然小体量的空间支撑不起消费者的体验，那么大体量的空间呢？实践告诉我们，大体量的空间还是不够，关键的因素在于体验。<u>没有独特的体验项目，即便是大体量的空间，也依旧无法吸引消费者。在个性化、定制化消费发展比较迅猛的今天，独特的内容才是消费者出门的动力。</u>

（3）第三个核心：体系

如果体量足够大，体验项目也不错，这样展示空间的运营应该没问题了吧？对不起，还是不够，另一个关键点在于稳定性。消费者是喜新厌旧的，如果你的体验没有办法更新迭代，就意味着你的运营成本会极高，运营工作也将非常烦琐。如果没有原生性，不能原发性地形成一套展示空间运营生态系统，运营的问题还是没有办法解决。所以，展示空间运营，最终将回到整个运营生态系统的构建上。

关于新生态系统的建设，我们可以从自然科学中找到答案：生态系统指在自然界的一定空间内，生物与环境构成的统一整体，在这个统一整体中，生物与环境之间相互影响、相互制约，并在一定时期内处于相对稳定的动态平衡状态。

生态系统的组成成分包括非生物的物质和能量、生产者、消费者、分解者。其中，生产者为主要成分。无机环境是一个生态系统的基础，其条件的好坏直接决定生态系统的复杂程度和其中生物群落的丰富程度；生物群落反作用于无机环境，生物群落在生态系统中既在适应环境，也在改变着周边环境的面貌，各种基础物质将生物群落与无机环境紧密联系在一起，而生物群落的初生演替甚至可以把一片荒凉的裸地变为水草丰美的绿洲（详见图35）。

一般而言，根据展示空间主题性来分的话，展示空间可以分成两大类，一类是综合的展示空间，另一类是单主题的展示空间。综合的展示空间是一个文化族群，在竞争的过程中，以复杂度和多样性取胜，比如城市博物馆、综合类科技馆内的体验构成。而单主题的展示空间强调某一文化内容的个体强大与极致，比如啤酒博物馆、陶瓷博物馆内的体验构成。

但不管怎样的构成，要达到运营的成功共性，就必须拥有一个文化基层，并且这个文化基层要足够厚实和肥沃，新文化土壤也必须十分肥沃，且满足

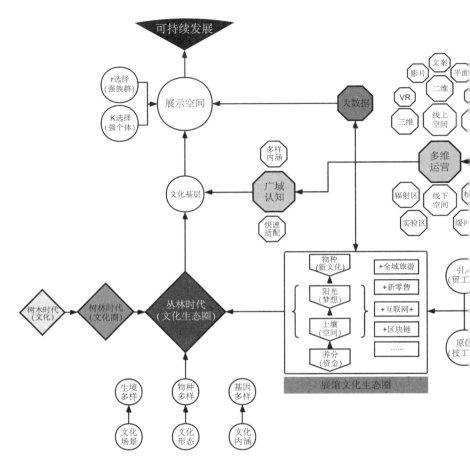

图35 从"展馆生态圈"到"展馆新物种"

当下的市场气候。

于是，问题就变成了，展示空间如何适应当下的市场气候？

要回答这个问题，我们需要观察一下自然生态系统的演变过程。

刚开始的时候，有一棵树，它逐渐长大，然后在四周落果、播种、自我传播，

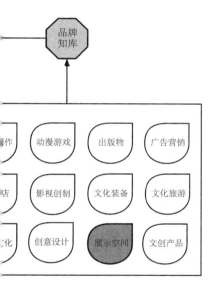

逐渐生长成了一片树林。接着，风和动物带来了其他树的树种，它们也开始生根、发芽、成长、壮大。过了许多年，一片丛林就长成了。当然，这片丛林不是一成不变的，新的物种会挑战原主人领地的霸主地位，或被原主人反制，这种过程不断地发生，丛林的形态也不断地发生着改变。如果没有巨大的外界因素干扰，如行星撞击地球之类的大事件，这种动态平衡大概率会一直进行着。

文化生态系统的发展过程和它近似，因此，我们可以推导出一种可能性：<u>文化生态系统的多样性是适应市场发展的关键因素</u>。

再进一步推导，什么样的构成能够满足生态系统的多样性？

自然生态圈强调生态环境多样性、物种多样性和基因多样性。与文化生态圈一一对应就能发现：生态环境多样性，对应的是文化场景多样性；物种多样性，对应的是文化形态多样性；基因多样性对应的是文化内涵多样性。它们其实是共通的。也就是说，我们必须拥有多种多样的生态环境、物种、文化内涵与业态，让它们杂交、竞争、合作、淘汰，才能诞生出适应内外部系统的"新物种"。

展示空间的"新物种"就是生存之本。

想要拥有多种多样的环境、物种、文化内涵，可以通过两种手段——引入和原创来实现。

引入就是把外界已经存在的一些新的物种，比如新的文化、新的业态，或者新的玩法，嫁接到原有的生态系统当中，引发整个生态系统产生新的变化。

原创就是在原来的生态系统中去创造基因突变，发展出一些有趣、好玩的新的变化，这种变化的可能性非常多，在展示空间里面可以看到的原创行为有演艺创作、动漫游戏、出版产品、周边衍生品等。

把这些玩法打包，放到实体的展示空间里，就可以得到广域展示空间文化生态系统，也就是"展示知库"。接下来，在"展示知库"的基础上，嫁接"多维展示"，实现文化圈的扩散和传播。"多维展示"包含线上和线下，线上部分又包含二维、三维和四维运营。二维比较好理解，比如平面图形、文章、视频等。三维包括虚拟展示空间、VR 技术等。四维可能更进一步，比如把时间线叠加到一些虚拟空间里面，借助 AR 技术或 MR 技术，实现时间的"旅行"。

关于线下空间的运营，我们可以借鉴生态学里面的自然保护区的核心区、缓冲区、实验区划分理念，进一步拓展，把它划分成四个圈层：核心区、缓冲区、实验区和辐射区。

核心区类似于展示空间，是一个文化的核心，是受保护的，需要不断地被挖掘出来，可以理解为现状展示空间当中的固展空间部分，它可以像传统博物馆一样，原汁原味，不做过多延展。

缓冲区可以理解为现状展示空间中的公共空间、商业空间等，可以有一些亚文化的跨界和纳入，可以对传统展览展示进行创新性研究和跨界尝试。

实验区可以理解为现状展示空间周边的商圈或文化配套，可以有一些大胆的突破，进行商业或文旅产业的联动、联营。

辐射区所述的范围更广，可以大到一个城市，甚至一个国家乃至全球，是展示空间影响力的外延，可以以分馆、展示飞地、体验模块等方式，扩大展示空间的接触面和影响力。

"展示知库"+"多维展示"能够产生的可能性如表18所示。

表18　广域展示创新树

句式：在 A，利用 B 进行 C 创作的 D								
A 场景		B 内容		C 形式			D 体验	
一级目录	二级目录	一级目录	二级目录	一级目录	二级目录	三级目录	一级目录	二级目录
体验店	集货店	黄金文化	工艺	展示知库	主题展览	—	DIY 体验	搭建
	专卖店		风俗		影视剧	—		制作
	闪店		文学		动漫	—		手工
	博物馆		名人		小说	—		绘画
	企业文化馆		礼仪		游戏	—		雕塑
展示空间	展会	酒文化	诗歌		舞台剧	—	成就体验	得分榜
	路演		名泉	多维展示	线上空间	VR		PK
	商务会务		茶具			公众号		社交
	活动	茶文化	贸易			电商	生活体验	餐饮
主题乐园	大型园区		加工			网站		购物
	主题园区	—	—			媒体		度假
	主题空间	—	—		线下空间（实景体验）	核心区		休闲
—	—					实验区	—	—
						缓冲区		—

利用场景、内容、形式、体验的组合可以描述新的"物种"，每一种句式都可能是一个新的"物种"。比如，在博物馆利用工艺进行游戏创作的雕塑体验，就是"博物馆主题雕塑游戏"。通过这样的多维组合，可以实现文化内涵的多样性、文化产品的多样性及文化场景的多样性，这个结果就是"广域展示"。

想象这样一个场景：展示空间不再是一个空间，而是一个遍布全世界的体系，展示空间就是世界，世界就是展示空间。我们身边的每一个物件都可以是某个展示空间的载体或传播节点，而文化，也将通过种种方式实现"生生不息"。

16.3 未来已来

2022 年 7 月，内蒙古自治区文化和旅游厅发布的《关于推进博物馆改革发展的实施意见》提出："博物馆开展陈列展览策划、教育项目设计、文创产品研发取得的事业收入、经营收入和其他收入等，按规定纳入本单位预算统一管理，可用于藏品征集、事业发展和对符合规定的人员予以绩效奖励等。合理核定博物馆绩效工资总量，对上述工作取得明显成效的单位可适当增核绩效工资总量，单位内部分配向从事这些工作的人员倾斜。"

长期以来限制博物馆馆人积极性的大门很可能就此打开，一个巨大的"博物馆+"市场将带来无穷的可能。关于未来的"博物馆+"，有一个核心概念必须提出——传播级，即在一定范围内，信息的接收总量是有限的，所有与传播相关的事务，都是在争夺有限的信息资源，博物馆作为其中的一个竞争者，最终面对的也是信息有限资源的争夺，为了加强自己的竞争力，所有竞争者都将朝着信息传播最大化的方向努力。

"在一定范围内，信息的接收总量是有限的。"比如，一个人 24 小时最多能接收并记忆的信息量是恒定的，而一群人也是如此，即使科技让信息更加简约，更易于吸收，但最终在一定时间内、一定空间内，也一定有一个上限。

"所有与传播相关的事务，都是在争夺有限的信息资源。"博物馆的发展需要传播，商业综合体要发展也需要传播，一部电视剧、一首歌、一幅画作、一部小说，都需要传播，但因为观众能够接收的信息总量是相对恒定的，所以这些需要传播的事物就形成了信息竞争关系。所以，要看博物馆的未来，就必须将博物馆放在一个大的信息池里，去看它未来争夺信息量的竞争力。

"所有竞争者都将朝着信息传播最大化的方向努力。"信息竞争者都会为了各自的传播最大化做出最大努力，比如，电影不断地宣发、某些广告不断地弹出，把它们理解为一个个传播物种就会发现，竞争的最终结果就是适者生存。

传统的博物馆一般被形容为"信息的孤岛"，它的信息只在有限的人、物之间传递，在大多数情况下，这是"小众"行为。几十年前，在竞争不激烈的情况下，博物馆还是可以偏安一隅的。但随着"人民美好生活需要"的增加，当其他物种不断地丰富自身的"传播级"时——卖场搞 O2O 了，综合体搞体验经济了，策展市场搞二次元了，零售搞直播了……如果博物馆不做出相应的反应，自身的衰退不可避免。

博物馆或其他信息物种，作为竞争者之一，如果要发展下去，只能通过各种方式实现自身"信息传播的能级增加"，打败别的物种，实现自己的永续遗传，这种趋势就是"传播级"现象。因此，博物馆的未来大致有以下几个方向。

（1）内容流——以 IP 为核心的新内容开发

传统博物馆的内容将与各种各样的新文化、新传播事件连接，诞生出新的内容物种：剧、融合剧创作；电影、电视剧开发；新媒体创作；漫画、动画开发；传统技艺创新设计；衍生消费品设计；文化出版物；装置与装备开发；等等。与传统的博物馆展品、图文、交互体验相比，它们会更符合年轻人的口味，甚至不那么"博物馆"，但不管你愿不愿意，它都在发生。

（2）空间流——以 IP 应用为核心的新体验开发

在空间上，博物馆将越来越不像一个博物馆，而可能会变成社区中心、商业综合体，或者教育培训空间，并且跨越空间维度，实现二维、2.5 维、三维、四维的融合。具体包括主题乐园、主题剧院、展览展示、主题商店、主题餐厅、主题景观、主题活动、线上及线下、公共文化插件等。

（3）运营流——以 IP 运营为核心的顶层操作

在运营方式上，传统的狭义运营已完全不能满足发展需求，转而被广义运营替代。传统的馆长、副馆长、策展人，很可能会变成职业经理人、商管公司、职业策展人。具体包括商业管理、版权规划与引入、版权原创与保护、版权授权与输出、版权经纪等。

如果用一句话来概括，未来博物馆的发展将围绕"以 IP 体系为核心的博物馆产业体系构建"这个核心来展开。如某地区博物馆考虑的出发点不能再是一城一池，而应该是怎样围绕本地文化，构建一套完整的本土文化产业及运营体系。而某个专题博物馆，如陶瓷博物馆，应该想的是泛陶瓷文化 + 地区文化的 IP 产业规划、营造及运营。

同样的道理，既然博物馆在努力构建自己的"传播级"跃迁，其他领域的协同进化也在不断地发生。既然可以出现"博物馆 +"，那也会有"综合体 +""文旅 +""大娱乐 +""大健康 +"等。其他行业的努力，都可以是我们借鉴的对象，这才是降维打击的正确打开方式。

　　一个大融合的时代即将到来。具备全面的跨界能力将是未来的核心竞争力，新职业信用与技能体系会被建立，新的空间物种与超级物种会在这个时代被创造出来……这是我认为的未来，也是我期待的未来。

17 展示企业的新可能

我们来看展馆企业的组织管理模式，先来看最传统的金字塔型组织模式
（图 36）。

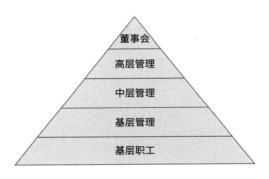

图 36 金字塔型组织模式

17.1 金字塔模式

这是大家最熟悉的企业架构，优点很明显：易于操控，易于积累，管理
方便。同时，它的缺点也很明显。

（1）业务接口有限

一家公司最怕什么？没活！下游还在放水，上游的水龙头关了，池子迟
早会干涸。所以，一般公司都会有一个商务团队，通过他们接入市场进行引流，
而且老板自己往往就是最资深的商务。在传统的金字塔型结构里，商务人员
的数量是有限的，这就意味着接口有限，一旦商务团队不得力或发生不可控
事件，对整个企业都有致命的影响。

（2）无力应对业务潮汐

没有业务愁，业务多了也愁。当市场流量爆发时，自己公司里的一亩三分田兜不住。如果不做，大好的项目已经摆在眼前，不忍放弃。如果外包的话，会出现一系列不可控的问题，导致整个团队焦头烂额。如果增加自己公司的人手，一时之间还找不到合适的人。而且，当业务潮汐退掉后，公司人员过剩，只能变相裁员，之后被口口相传，许多企业的口碑会就此一塌糊涂，紧接着员工流失、招聘困难，形成恶性循环。

（3）运营成本高

展馆行业是重人力成本的行业，假如员工的工资是每月 10 000 元，公司的实际支付成本大约是 15 000 元，还有办公场所的租金、物业费、水电费、网络费、各项税费、公关费用等。因为固定运营成本高，大多数公司增加绩效最好的办法就是什么活都接，蚊子腿也是肉。但员工会觉得，"今天让我做展馆，明天让我做文旅，后天让我写脚本，公司好乱啊"，当员工无法产生归属感，个人发展也受阻时，员工流失就出现了。

（4）行业资质不全

许多项目不是你想做就能做的，如果没有甲、乙或丙级资质，项目的门槛都迈不过去。即使进去了，没有资质也只能为他人做嫁衣。而资质也不是想办就能办的，时间、公司规模、人员组成、行业积累、业绩等，影响因素众多。

（5）员工成长有限

对普通员工来说，做项目的最大意义是挣钱，首先要养活自己和家人，然后才能顾及梦想、价值和未来，而且他们希望的是，未来的工资越来越高，生活越来越好。如果员工进入公司后发现学不到东西，做不出作品，打不出品牌，结果就是辞职。所以，许多公司都为员工提供适当的技能培训和晋升渠道，为的就是留人。

（6）行业资讯闭塞

当你在同一家企业、同一个工种工作了许久之后，很容易出现"信息茧房"，你只看得见离你近的，跟你关系重要的信息，而离你远的，更大的视野里的信息会逐渐被忽略、弱化，最终把你束缚在一个信息有局限的"茧房"里，把你从整个行业的大局观里隔离出来。这种被封闭的感觉是让人十分难受的，甚至会导致从业者丧失兴趣与信心。

（7）企业发展受阻

当公司人员稳定、业务渠道稳定、业绩也逐步增长的时候，老板们开始不满足于当下的业务领域，想要扩大、跨界，于是通过各种方式寻求新的发展方向。然而，跨过了业务、团队、业绩几个台阶之后，许多企业都折在了"下一个风口"之前。

17.2 平台型企业

以上这些问题，老板们都很清楚，因为他们是亲历者，但结果很难改变，这就是传统的组织分工体系带来的弊端，可以缓解，不可消除。如果想消除，就必须改变组织架构与分工方式。于是，存活下来的企业开始寻求变化，最常见的变化方式如图 37 所示。

针对以上所述的组织结构不扁平、个人积极性不够、成本太高等问题，可以将企业拆分成事业部，提供启动资金，自负盈亏，然后跟企业分利，从而将企业变成一个平台型企业。不仅内部的团队可以分成事业部，外部的优秀团队也可以加入。当一个普通员工突然发现自己不仅可以领取保底收益，

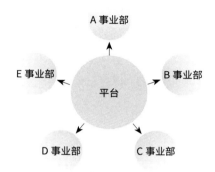

图 37 平台型企业管理模式

还能直接以股东身份参与事业部运营，成为老板的时候，会非常开心。于是，在事业部成立并发展的前几年，对公司来说，整体成本是降低的，效益也是增加的，此时会感觉平台化真好。

但是，过了几年，一个核心的矛盾就会出现：分利矛盾。事业部会觉得："业务是我谈的，执行是我做的，我凭什么拿这么少的股份？"于是会提出增加股份，甚至自己控股的要求。而总公司会觉得："平台是我给你的，创始资金是我出的，现在你翅膀硬了，想飞了是不是？门都没有！"没有做好前期股份与分利构架的企业的巨大危机在这时候就出现了。

解决这些问题的关键在于前期的分利架构设计。明智的平台型企业会设定足够的刺激空间给事业部型企业，共同把平台做大。基数大了，比例再少也是钻石矿；基数太小，股权再高也是煤渣。这就是现在许多股权架构培训的组织存在的原因——由市场需求决定。

17.3 生态圈模式

那么，企业只有这一种发展路径吗？如果公司不大，还达不到分事业部的水平，也没有实力招揽各类团队，怎么办？最常见的办法就是"熬"，"熬"成一家大公司，然后平台化。你只需要花个二三十年，稳扎稳打，一点儿问题都没有。但是，你还有另一个选择——生态圈型企业（图38）。

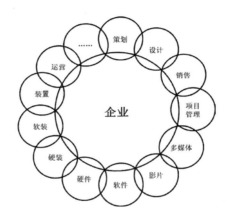

图 38　生态圈型企业

它的组织方式是细分领域与工种，以产业链的方式组建一个个小而精的团队，团队专业化，并以联盟的形式组织到一起进行分工合作。这样的方式有什么好处呢？我们来对比一下传统金字塔型企业与生态圈型企业的差异（表19）。

（1）业务接口

所谓的开放式是指专业化团队的每一个人都是商务，都是接口，每个人

表19　金字塔型企业与生态圈型企业的对比

编号	痛点	金字塔型企业	生态圈型企业
1	业务接口	有限的接口	开放式的接口
2	业务潮汐	要么忙死，要么闲死	筛选性强，缓冲余地大
3	运营成本	高负担	自负盈亏，负担小
4	总体收益	高，但浮动较大	中，但稳定性较强
5	行业资质	设法积累	群组调用
6	员工成长	无体系，成长难	专业分工，成长快速
7	行业资讯	孤岛效应	群岛效应
8	企业发展	孤掌难鸣	众人拾柴火焰高

都可以对接市场，项目自然就多了。当然，不是所有项目都可靠，甚至比金字塔型企业的可靠比例低，因为很多人对接市场不专业。但是，它胜在筛选机制。只要项目基数大，在项目进入生态圈后就可以进行群体判断，这样一来，反而比传统公司更准确。

（2）业务潮汐

经过筛选后的项目可算是精品项目，即使数量比较多也不用担心，因为生态圈的承受力大——企业是开放式的，只要是优秀的分工团队都可以进入，有可能好的设计团队就有十几个，不用担心消化不了。

（3）运营成本

每个专业化团队只要运营好自己的小团队即可，这个专业化团队可以是一个人，也可以是几个人，成本大大降低。

（4）总体收益

团队的利润来源当然是项目分成。以项目为根本的合作机制，在项目初期就进行分利谈判，相互选择与匹配。对专业化团队来说，此时的利润一定高于金字塔架构下的利润。

（5）行业资质

以生态圈为背景注册的企业，积累的速度比传统的企业快，甚至有些生态圈伙伴本身就有资质可供使用。

（6）员工成长

想做好的项目，想变成策划大咖？小而精的企业是员工个人发展的最好平台。

（7）行业资讯

一个接口与无数个接口相比，哪个更易于资讯流通呢？答案显而易见。

（8）企业发展

这个部分其实才是生态圈型企业的最大优势，因为有足够多的跨界与交流，足够多的思维和想法在一起碰撞，从而能够创造出"新物种"，提出新的业务边界与可能性。此外，在人力资源、行业积累、专业高度、行业信用评价等方面，生态圈型的企业都拥有很强的优势。

但是，生态圈型企业没有缺点吗？

有的，而且也十分明显。其一，生长土壤。它只能出现在从业人口比较多的北、上、广、深地区。没有足够的从业人口，细分无从谈起。其二，市场接受度。生态圈型企业只有成长到一定规模，并有领头对接者时，才有可能被大型组织和政府所接受，否则市场受众往往还是企业主、金字塔型企业和平台型企业。平台型企业项目多但小，现阶段往往是幕后英雄。其三，团队联结。小而精的团队固然专业，可是专业度越高的人，一般也越固执，没有协调者的合纵连横，他们很难被组织起来，只通过一个微信群协调是远远不够的。

解决方案呢？抛开生长土壤来说，这是区域经济与城市发展的问题，城市发展到了一定阶段，分工体系自然会成熟。而接受度问题是发展问题，只能用发展的方式来解决了。

第三部分

策展人的
自我修养

18 策展人的成长

比较容易混淆的概念是展示策划与策展人，很多新人把这两个工作混为一谈。展示策划是展示项目工作流程中的一环，他衔接商务需求，并进行方向判断、策略制定及内容创作。他的内容创作工作根据岗位细分的不同一般包含文案、展项策划、空间策划等内容。展示策划比较容易成长为策展人，而其他工种的员工，包括商务人员、设计人员、项目经理，乃至跨界而来的画家、导演、作家……只要他们实现了主创、主导策展的全程，通过展览产生影响，对它进行评价，都可以称为策展人。我们以展示策划为例，来看看他是怎样成长为一个策展人的。

18.1 辅助时期

在辅助时期，展示策划基本上是作为其他工种的辅助而存在的，比如，在项目前期编写项目可行性研究报告、为设计师编写设计说明、为展板撰写文案等。在我的直观认知里，除了专职的文案岗，把展示策划当成文案这种现象在十几年前是普遍存在的，如今已经少了很多，展馆企业也有了文案岗位，但大多会以文案策划统一称之。

18.2 展项时期

第二个阶段，姑且认为是展项时期。这个阶段展示策划的基本工作任务就是为一些展项进行内容策划或创意，他们对空间开始有了一定的认知，并且有了一定的创意能力，可以通过感性及理性的方式对展项进行内容创作。虽然对空间已经有了一些基本的把握，但是并没有整体的布局能力，因此在这个阶段，策划的最大感受往往就是"明明知道自己在做的是什么，但总感

<u>觉有什么不对"</u>。

18.3 故事时期

在这个阶段，展示策划讲故事的能力被普遍地承认并发展，并且成为衡量策划能力的最重要的标准。在一线城市，"讲故事"的能力已经成为展示策划的必修课程。在这个阶段，展示策划往往拥有对整馆的"上帝视角"，可以对展示空间的整体故事脉络进行梳理，并了解重点与展示节奏的控制。单从技术层面上来说，到了这个阶段，展示策划创作一整个展示空间已经问题不大了，这也是目前一、二线城市优秀展示策划的基本面貌。

18.4 全域时期

接下来的发展肯定是跳脱出技术层面的，我将其命名为"全域时期"。在这个阶段，展示策划不仅要是一个讲故事的人，在很多情况下，他必须跨界到不同的领域，并且扮演不同的角色，为不同的需求创造出新鲜和充满活力的架构。

具体而言，一个展示空间的面积毕竟是有限的，它往往归属于一个区域，或者是一个城市规划的重要组成。如果展示策划能够跳出整个展示空间的空间束缚，进而通过与其他空间相互串联，比如文化旅游空间、公共空间、商业空间，甚至与虚拟空间进行串联，对整个空间进行框架性构思，那么我们大概已经可以认为，他已经迈入全域时代。进入这个时代的基本特征是，策划的视角更大了，虽然他并不是一位文旅规划者或城市规划者，但他已经会从区域发展的战略层面对展示空间项目进行定位，并由此展开技术侧重，让它拥有更广阔的发展空间。

18.5 从展示策划到策展人

　　展示策划什么时候可以算得上是一个策展人呢？当展示策划拥有了全方位的能力，能够主导策展的全程，通过展览产生影响，并对它进行评价，这时候他就变成了一位策展人。这样说可能有点抽象，我们举两个简单的例子来进行说明。如果你任职于一家企业，并担任某个项目的主创，可以独立地调用这家企业的资源，如资金、人员（基本上策划总监及以上级别的才可以），最终使之落地、施工、开馆，并产生了经济效益或社会效益，那么你就是这个项目的策展人。如果你是策展创业者或独立策划人，产生了举办某种展览的想法，运用自己的资源，以你为创作核心，使之成为一个作品或产品，那么你也是策展人。

19　策展人的能力体系

19.1 什么样的人适合策展

　　有些人从助理策划到中级策划，可能只用了一年，而有些策划可能七八年都一直在原地踏步。除去勤奋与否的因素外，其实，<u>并不是所有人都适合做策划</u>。有些因素决定了你能走多远。这些年，我面试了许多人，有些是完全的初学者，有些则是资深的策划。常规的考核都是看他们做的方案，并让他们讲一下方案内容。但我给他们出的考题，也是唯一的考题，就是随机给他们一本新书，让他们在十分钟内告诉我这本书讲的是什么，结果是，九成的人都没能过关。这个测试其实考验了三个方面的能力。

　　<u>你的学习能力。</u>

　　十分钟看完一本书，肯定是需要一些技巧和方法的，这种技巧和方法不可能现场直接说出来，没有养成学习习惯并掌握快速学习技巧的人，不太可能在短时间内了解一本书的基本框架和逻辑。

　　<u>你的学识积累。</u>

　　面对一个陌生的领域，用十分钟概括出它的内容是很困难的事，所以我们常用的方法是将它套入我们熟悉的学科领域中，用我们熟悉的学科或知识来描述它。<u>就像一炉炭火一样，如果已经一片通红，新的炭块将很快被引燃，而如果黑红相间，甚至青烟尚在，那新的炭块是无法快速燃烧的。</u>这炭火就是我们策划的学习积累，如果你平时就喜欢看书，喜欢思考，那么即使只有十分钟，你也可以很容易从不同的角度给出不同的观点和看法。这样的你，潜力无穷。

　　<u>你的表达能力。</u>

　　书看懂了，知道了它的核心观点，你还要能讲出来。我们的工作本质上

是"信息的高效传递"，是展示，是表达，所以，我会要求策划把他看到的讲出来。这是最直接地观察他的学习成果、阅读积累和融合能力的方式。当然，我会允许他做些笔记，也可以直接向我展示成果框架。如果能很生动地讲出来，那将是更好的选择。毕竟，演讲能力、临场心理素质也不是一朝一夕能够培养出来的。这一关过了之后，90% 以上的概率，我的面试就已经过了。但是，我还会和他聊些其他内容，不限主题，想到什么聊什么，有可能是柴米油盐，也有可能是风花雪月，还有可能是大道乾坤。这个阶段其实是通过他们的表述，判断他是不是我期待的拥有这些品质的人：对这个世界充满好奇；拥有自己独立的判断和思考；一颗自由而光明的心。

我希望你对万物抱有好奇，喜欢一切没有接触过的事物；希望你不断地探索新的边界，打开新的视界；希望你拥有自己看世界的眼光，拥有独立思考和判断的能力；希望你充满热爱、愤怒、悲伤和快乐，情感丰富，有人情味；希望你拥有有趣的灵魂。这些年，我碰到的同时具有这些品质的人并不多，而他们无一例外，都正在成为或已经成为行业里的实力派。

综上所述，适合做展示策划的关键因素就是博学，对这个世界充满好奇，有广泛的学科积累和快速的学习能力；审问，有良好的学习态度；慎思，有自己独立的判断和思考；明辨，有一颗自由而光明的心；笃行，脚踏实地，一步一个脚印地积累。如果你是这样的人，那你不仅是展示策划的最佳人选，也将是所有行业的最佳人选。

19.2 策展人的能力描述

一个人的能力是很难用一些具体的数据去量化的，只能用一些偏带感性的、模糊的表述定义。在这些定义里面，个人主观意识是非常强烈的。在我的评价体系里，大概可以通过六个维度来进行评价：融通、归总、创意、创作、表达和执行。

（1）融通——展示空间认知与知识跨界的能力

简单来说，就是知识体量的储备，并且在这个基础上形成的一种快速知识调阅和对比的能力。换一个说法，就是你的人生素材库够不够庞大，你的见识和格局包容性达到了什么程度，对这个世界的认知程度是什么样的。

（2）归总——资料收集与总结的能力

这指的是一种快速学习能力，你能否快速地在信息海洋中汲取你所需要的资源和内容，并把它们归纳成一个个逻辑清晰且条理明确的可用信息点。

（3）创意——内容突破性表现的能力

这指的是你能否在前述所包含的内容中，快速地突破现有框架，得到一个新的认知和观点的能力。

（4）创作——使用工具进行方案创作的能力

有了想法和观点，还需要把你的观点进行包装和展现，快速地使用各种各样的工具，把它变成视觉化、可呈现的东西。

（5）表达——传达观点与沟通的能力

人和人需要沟通，只靠文本或者一些表达工具是完全不够的，因此在沟通和表达的过程中，快速而准确地表达你的理念和想法，甚至超出预期地展现自己的观点，是重要的能力。

（6）执行——促使项目落地的能力

你的目标和观点需要被实现，在这个过程中，你要安排或配合其他人完善你的观点，把它具体为一个一个的目标，并最终实现。

这六种能力是很难数据化的，但是通过一个个简单的问题，我们可以得出一个大致的轮廓（表20）。

表 20　展示策划综合能力评价表

序号	能力	说明	评分				
			1	2	3	4	5
A	融通	展示空间认知与知识跨界的能力	我喜欢看书，对展示空间充满兴趣，对世界充满探索欲望，一直在不断寻找新知识领域与课题，并能将它们储存在人生素材库中，随时调阅				
			不符合	不完全符合	有点符合	大都符合	完全符合
B	归总	资料收集与总结的能力	我可以通过各种渠道快速地收集各类资料，在很快地阅读之后，精确地知道它们主要的内容和观点，并将它们归纳成项目所需的定位和内容点				
			不符合	不完全符合	有点符合	大都符合	完全符合
C	创意	内容突破性表现的能力	在归纳总结的内容框架与内容点之上，我能提出与众不同的实施策略与观点，它往往让我的听众拍案叫绝，与此同时，我还能为设计师提供视觉创意所需要的各种内容元素与创意				
			不符合	不完全符合	有点符合	大都符合	完全符合
D	创作	使用工具进行方案创作的能力	我可以高效率地使用各种软件配合制作方案，软件往往跟不上我的创作速度，制作的方案即使我不在场，也能让人快速地读懂和吸收				
			不符合	不完全符合	有点符合	大都符合	完全符合
E	表达	传达观点与沟通的能力	我很清楚听众要的是什么，我可以使用简单而明了的语言，清晰地表达我的观点，面对不同的听众，我可以随时切换我的表达方式与表述重点，我的表达富有感染力，在演讲结束之后往往会以热烈的掌声为结尾				
			不符合	不完全符合	有点符合	大都符合	完全符合

序号	能力	说明	评分				
			1	2	3	4	5
F	执行	促使项目落地的能力	我的团队意识很强，与其他工种配合完美，能够及时、高效地支撑各工种的工作				
			不符合	不完全符合	有点符合	大都符合	完全符合

完美的策展人是正六边形的，而我们大都是异形的。在一个相对封闭的系统里，这种评价是可以产生比较好的效果的，比如在一家公司里，以老板或策划总监作为评测主体，对自己的策划进行综合评定，是能够对从业人员的能力进行横向测评的。

19.3 什么是专业

在职业生涯中，我曾经有一个巨大的疑惑——什么是专业？这个问题困扰了我许多年，直到多年前，有一次和史嘉良导演聊天，才得到一个比较好的解答。

"我觉得自己不够专业，想找一家专业的公司去学几年。"

"你觉得什么是'专业'？就是为人解决问题的能力嘛！能真正帮到别人，你就是专业的。不能的话，把牛吹破，也是非专业人士。你的策划客户认可你吗？你帮助他们解决问题了吗？"

"有的。"

"所以啊，你看，许多所谓的大展览公司，他们真正地帮人解决问题了吗？不一定，从这个意义上来说，你比他们专业多了，你自己已经是专业的了，还要舍本逐末吗？"

　　"所以可不可以这么理解——是我自己的积累太少？"

　　"其实，是你不够自信，所谓专业，在己不在人。"

　　于是一缕阳光照了进来。如今回过头再看，大约有两句话可供分享。

　　<u>其一，良知不堕，其行将远。</u>

　　为人万事发于心。心乱了，事就乱了。良知不坏，做的事大约不会是坏的，而良知坏了，就全坏了。有些人辗转于多家公司，以上一家公司的经历谋下一家的福利，三五个月后被发现，再去另一家，反正行业内公司有的是。也有些人天花乱坠地许下很多承诺，骗得一群人为他付出，反正一个人只合作一次，下次可以换个人再骗。不只是个人，这样的公司也比比皆是。但，这样的人与公司，没有一个能做得长久。这些人或公司，大概永远不会知道为什么自己这么"聪明"却败了。相反，一些人即使走得慢些，但走得很稳。大约你怎么对待这个世界，这个世界也会怎么对你。

　　<u>其二，术业有专，行止有长。</u>

　　只有一颗良心，那便是老好人了，但好心办坏事也不少，因此，我们不得不说另一个方面。在操作层面，对专业的理解大约就是"术业有专，行止有长"了。这句话大约可以从三个方面来理解。

（1）系统的业内知识储备

　　积累，积累，积累。本专业的理论基础＋实践经验，从 0 到 1，从 1 到 10，从 10 到 100，量变引起质变是非常朴素的真理，妄想花半年就变成行业"大拿"是不可能的。

（2）广阔的行内产业视野

　　展示空间是一个系统工程，涉及的专业及工种繁多，基本上每个专业都能够自成体系，因此，在提供解决方案时，必须要有行业视野。比如策划，只懂策划本身是不够的，还要懂一些设计、项目管理、多媒体工程、硬软装修工程、建筑工程、艺术装置等。不同的专业会带来不同的视角，可以提供更加广阔的适应性解决方法。

（3）丰富的行业资源库存

只懂展示策划是不够的，还需要有"靠谱的小伙伴"，知道谁能解决什么问题，能解决到什么程度，这就要看个人在行业里的圈子与人脉了。而如果你希望建立一个好的圈子，还是要回到开头："所谓专业，在己不在人。"比如，我的一些项目经理敢答应客户，一个月从无到有，完成 3000 平方米的展示空间，这不是因为他疯了，而是因为他知道我们能做到什么程度。并且，大家愿意彼此相信，共同承担后果。所以，这是一个非常简单且粗暴的逻辑。人品好，爱学习，然后物以类聚，人以群分，你会有靠谱的圈子，并能解决问题，于是更多的人愿意相信你，一个良性的循环诞生了。然后，你就是专业人士了。

20 策展入门学习指南

经常有伙伴表达自己想学习展示策划的愿望，其中很多人并不是要变成职业策划，而是希望通过对策划领域的学习，更多地了解整个展览展示产业链，能让自己的商务、设计或项目管理更加合理。当然，也有一部分人对博物馆、展览展示、策展人产生了浓厚的兴趣，希望通过系统的学习变成一位有趣的策展人。为了给一些跨界者或有兴趣从事策划的伙伴提供参考，我按照由浅入深的步骤，将学习划分为五个阶段。

（1）知其然——知道什么是展览展示

这个阶段的根本目的是"建立你的基本认知能力"。简单点说，当我说出博物馆这个词时，你的脑海里能跳出几个馆；当我说出科技馆时，你的脑海里能够浮现你参观过的哪些案例。这样，我们的沟通至少是基于一个相对认可的空间，而不像有些初学者，连这个基本的轮廓都没有，就开始讨论怎样策展了。在具体学习上，并不建议大家直接阅读一些专业书籍。

先去看看不同类型的馆。

比如，在上海，我建议你至少去看一下上海博物馆、中华艺术宫、上海科技馆、上海城市规划展示馆、上海电影博物馆、上海玻璃博物馆、上海汽车博物馆、世博会博物馆、西岸美术馆等；在北京，至少看看故宫博物院、中国国家博物馆、中国科学技术馆、中国人民革命军事博物馆等。如果你在其他城市的话，找出当地的博物馆清单，有时间就去打卡。刚开始看不明白也没关系，就以普通游客的身份去参观，那些让人印象深刻的内容你是不会忘记的。

另外，查看每年都会发布的"年度全国博物馆名录"，这很容易就能找到。最好养成看馆的习惯，不管到哪个城市，先去这个城市的代表性展馆参观一下。以从业的角度来说，看馆一方面是看看自己是否对它们感兴趣，另一方面是建立自己的基本认知素材库。即便不是出于专业目的，去参观一个博物馆也是非常有趣和有意义的事情。

再看几本专业的入门书。

看完馆后再去看几本入门的图书，如《中国博物馆学基础》《策展人手册》等，这样枯燥的文字才会和你之前看到的空间对应起来，认知才会到位。这个阶段不用看太多的专业书籍，贪多嚼不烂，精看一两本就好。看完这些书再去看博物馆时，就可以和书上的内容相互对照，届时，你对博物馆类的展示空间的认知就基本建立起来了。如果你是一个博物馆爱好者，到这个阶段就差不多了。但如果你想更专业，了解更多，可以进入第二个阶段。

（2）所以然——知道展览展示的原理

一切从"为什么"说起。从最直接的，"展览展示的技术有哪些？它们有哪些原理？"，到对空间的好奇："为什么序厅放在这里？公共空间有什么好玩的？景观的设计有什么讲究？参观动线是怎样进行设计的？"再到对内容的溯源："为什么开始讲这个？故事的脉络是什么样的？"从现在开始，每解决一个问题，你就朝着专业的策展人迈进了一步。这个阶段的学习大致分为四个部分。

1）技术原理的学习

这是初学者最容易生出好奇的部分，比如全息成像、投影技术、屏幕技术、VR 技术等，关于常见的展示技术，大家可以参见第 13 章的内容。大约八成以上的展示技术其实就是这些常见技术的组合，并没有什么神秘的，多看，多想，它其实就沉淀在你的脑海里。看完技术档案，再去博物馆或科技馆参观对照，就记得更牢固了。十多年前，我就是在上海科技馆里拿着一个小本，一个个展项研究，学习展示技术的。

2）内容逻辑的认知

一般博物馆会分成多个展厅，展厅又分成展区，展区又分成展项，展项再分成内容点。这时，你要做的是把这个展示金字塔框架重新搭建起来，不用太苛求细枝末节，有大概的轮廓就好——这个用的是什么逻辑；它用的是什么样的故事线；它读起来是否合理、通顺、有趣，有没有可以改进的空间；如果是你，会怎么说？

3）空间设计的感受

不用担心自己不是设计师，我们可以大胆地对空间展开联想：看看他们的公共空间是怎样设计的；入口与出口是怎样规划的；展区的大小与面积是怎样串联的；有没有利用光影或其他方式来带动你的情感。你之前已经看过了数十个展馆，如果是你，有没有觉得某个空间不太合理；是否可以用之前看过的另外的空间设计形式来代替？尽情地感受它，碰到有趣或让你印象深刻的空间设计就拍下来，放到你的博物馆打卡文件夹或头脑风暴文件夹里，它会成为你将来重要的灵感来源。<u>不断地看，如果有一天你发现三个月或半年前拍的东西都是垃圾，恭喜你，你进步了。</u>

4）运营的规划

门口有多少保安、保洁？售票窗口的票价组合是什么？参观导览的平面设计好看吗？导览员的精气神怎么样？导览词是否背熟并能随心调用？文创店大概有多少个 SKU（库存量单位）？门头的海报设计得漂亮吗？这是我们要关注的展示空间的第四个部分的细节——关于他们的运营。尝试着做一些数学计算，如果你是馆长，你会安排多少工种、用什么样的构架、花多少钱来运转这个运营团队。如果你看馆时能够看到这些，想到这些，那你已经超越大多数的爱好者，成为"骨灰级"爱好者了。

(3) 讲故事——展览大纲与文本的尝试

到前两个阶段，你只能算看懂了展馆，但离自己能创作一个展馆还有一定的距离。作为一个策划，核心工作是讲故事，这就需要创作展览大纲和展览文本。其中，大纲是框架，是故事，是逻辑，是最重要的部分，而展览文本是描述，是文本，是细节。

展览大纲的操作步骤是：查资料，做学术大纲；讲故事，写故事大纲。如果能完成这两个步骤，那你已经是一位合格的初级策划了。接下来的事情就是，不断地学习，不断地练习，不断地积累。

策划的水平可划分成五个等级。助理策划：处于学习阶段，达到"骨灰级爱好者"即可。初级策划：可以真实、完整地完成策划方案。中级策划：不仅能真实、完整地完成，而且条理清晰，逻辑严谨。高级策划：有自己的观点和态度。资深策划：对全行业链条有整体认知并与之契合。

(4) 画圈圈——建立你的整体行业认知

专业的策划不能只知道自己这个工种应该做什么，还要知道自己的上游、下游，乃至整个行业的链条是怎样运转的。再次强调，需要了解整个行业的产业链的本质原因是效率的最大化。只有拥有大局观，才能更好地促成整体项目的落地，少给后面的伙伴添麻烦，为自己做出一个好的作品。

(5) 事上练——练习，练习，练习

策划能力的提高有什么捷径吗？或许有吧，可惜我没有遇到。借用瑜伽练习者的一句话：练习，练习，一切便随之而来。不断地做项目，总结不足，形成自己的工作方法与风格。如果你的项目很多，那便是非常好的磨炼机会；如果你的项目不多，那就自己找一些课题进行练习。

21 策展之路

不想被淘汰，就只有学习，持续不断地学习。这对策划来说尤为重要，甚至是立业之本。然而，在知识碎片化的今天，想系统地学习某类知识或深入了解某个行业，着手点确实不易寻找。面对一个学科或一个新的课题，我们常常觉得手足无措。公众号等自媒体提供的更多的是快餐式的信息内容，传播的效能比是其追求的目标，因此，它传播的知识很难做到系统化。这些由零散的、碎片化的信息组成的知识大潮，很容易将我们淹没。因此，本章内容是要告诉大家如何运用一些技巧，快速地找到学习的入口，拥有系统性的认知。

（1）买书，质量与数量

虽然电子书盛行，但我还是很享受拥有纸质书的快乐。面对一个新的学科，我往往会买一堆书作为突破口。买书时有两点要注意，一是书籍的筛选，二是书籍的数量。比如，要研究一座城市，我会买关于这座城市的游记、文化专著、市志、集录甚至小说，并通过每本书的出版社、目录、字数、评价来判断它的参考价值。至于数量，我的倾向是多买几本。著书者的立场不同，对城市的观点和描述也会有很大的个体差异和学术差异。我一般会至少买两到三本，相互参照和补充。因此，如果我要研究一个领域，案头上至少会摆一摞书，书的类别跨度会比较大，但其中有几本内容是相近的。这样，对某个领域的研究便算是开了一个好头。

（2）看书，精读与泛读

一本书的好坏，到手以后略一翻阅便知。数十书中，至少有一半会沦为参考，而另一半则需要精读。精读的意思并不是从第一个字读到最后一个字，而是根据你自己的知识结构，从书中找出知识结构欠缺的部分进行吸收，有的书可能全本只有一两句话是有用的，这很正常。精读的窍门在于目录和笔记。通过目录可以很快锁定需要重点攻克的章节，而在阅读的过程中，及时进行想法的记录也会对知识的整理起到很好的作用。我常用的方法是添加小纸片或小便签，将来会有利于知识的检索。

（3）视频，动态的刺激

有人觉得书很难看得下去，碰到这种情况，我的建议是看视频。看视频很容易，但难的是找到合适的、对题的视频。以了解一座城市为例，想快速了解它的最佳办法就是看城市宣传片。可能是地方宣传部门，也可能是文化和旅游局出品的影片内容，我们姑且不论影片的创意，既然它能够播出，至少在内容上一定有专人进行过知识的梳理。城市宣传片是一个引子，城市纪录片的内涵会更加丰富。我往往会通过寻找国内外对某个城市的记录影像来了解它，我们看自己和别人看我们是不一样的，所以，我们可以在国内外的众多纪录片中找到新鲜的观点。

（4）拾遗，信息的片段

如果能做到以上三点，那么你对某个领域的知识骨架基本上已经搭起来了，甚至有血有肉，构成了一个认知的整体。这时，我并不介意给它喂养一些"零食"，比如一些趣闻、传说，我称之为拾遗。拾遗的手段众多，自媒体是当下最主要的获取手段。除此之外，我还会通过期刊、报纸等渠道再获取一些新知，有时候会有意外的收获。

（5）行动，身心的体会

我很喜欢王阳明，喜欢他的知行合一，喜欢事上练，喜欢致良知。了解某个领域，不能不，也得不跨出的一步，就是践行。读城市，就需要到那个城市去走一走，看一看，想一想。读行业，就需要去这个行业当中体验一番。读专业，就需要在实验室、作坊里进行实际操作和改进。最简单的道理，有时候就是最正确的道理。

那么，在我们展览展示行业中，如何将"知行"细化，变成学习的步骤和细节？根据这些年的学习经历，我创作了一张"策展之路"（图39），供大家参考。

策划基础						
展馆常识						
博物馆学	会展策划	策展理论	逻辑	广告	影片策划	规划
中国博物馆学基础 王宏钧 博物馆12讲 姚安 博物馆展览策划·理念与实务 陆建松 参与式博物馆 妮娜·西蒙 流动的博物馆 李德庚 博物馆常用英语 刘超英	会展策划与管理 会展工程与材料	策展人手册 阿德里安·乔治 策展哲学 海蔚蓝	从『为什么』开始 一本小小的蓝色逻辑书 千面英雄 金字塔原理 历史研究	广告公司工作流程与管理	现代影视制作概论 影视策划实务 全能制片家 影视导演基础 影视演员表演技巧入门 数字影视摄影教程	A级旅游景区提升规划与管理指南 城市规划原理

项目管理
成本控制 进度控制

策...
自然
物理学 化学

策展之路

到无穷大——积累你的策展认知

工作流程					展示技术					
展品	营销	创意	营造	运营	光影与结构	文字与图案	音频与视频	三维与多维	交互与融合	互联与数据
收藏 / 转移 / 研究	咨询 / 品牌 / 销售	策划 / 设计	硬软件 / 硬软装	内容创作 / 视觉陈列 / 狭义运营 / 广义运营	光影 / 结构 / 造景 / 沙盘	平面 / 文字	录音与播放 / 屏幕	激光 / 三维视觉 / MR / AR / VR	交互 / 影院 / 空间融合体验	移动互联网 / 互联网 / 物联网 / 人工智能

纵向标签（左侧）：黑科技 / 小趋势 / 海洋与文明 / 大型旅游项目策划 / 超级IP / 零售4.0时代 / 解密城市商业综合体设计 / 主题乐园设计实务

第一阶段：从一到无穷大——积累你的策展认知

空间艺术					展馆案例							表现工具		
展示设计		工装家装		平面设计	多媒体艺术	建筑景观	规划发展 / 科技博览 / 历史博物 / 文化艺术 / 纪念人物 / 游艺娱乐 / 企业展馆 / 临时展示					文字工具 / 思维导图	图像工具	检索工具

表现工具明细：microsoft office / WPS office / Photoshop / Illustrator / Premiere / After Effects / 3ds Max / AutoCAD / LUMION / Sketchup / 其他 / Everything

空间艺术明细：英国展示设计高级教程 / 室内展示空间设计 / 展示艺术·张庆波 / 艺术的故事 / 设计心理学 / 艺术与视知觉 / 通用设计法则 / 曲面容器·文化展陈空间设计 / 装修建材速查图典 / 软装设计资料集 / 软装设计手册 / 图解家装水电工技能速成 / 设计元素搭配手册 / 版式设计原理与应用 / 超越平凡的平面设计 / 新媒体演艺灯光设计 / 舞台灯光设计 / 多媒体艺术与设计 / 景观设计学 / 建筑设计原理 / 造房子

少——跨界并构建策展观

思维科学	
比较法学 / ...	心理学 / 语言学 / 人工智能 / 神经科学 / 人类学 / 哲学

第三阶段：我想说——说出你的观点

"策展是我们表达世界的一种方式"

图 39　策展之路

22 破圈吧，策展人

展示策划未来可以干什么？展示企业可以有什么新业务？怎样在现在的大环境中活下来，甚至活得更好？策展圈的基本业务基本上可以概括为三大类：一是政府需求（Government），二是企业需求（Business），三是文商旅需求（Customer），也就是大家熟悉的2G、2B和2C业务。在大多数情况下，展览展示行业的业务都是围绕着存量的寻找与消化，如果没有系统性风险，这类业务会相对稳定，但一旦遇到政策调整，比如前些年的"限建令"，市场就会发生极大的萎缩，造成行业的动荡和下行。大多数创业者应该都经历过这种情况，所以我们不细说存量开发的问题，而是把重心转向增量的维度。

想要寻求增加，首要的任务便是破圈。而破圈的目标是创造策展新物种，希望这个新物种能适应新环境并为我所得。我认为，破圈的方向有三个：潮流化，软化学术的坚固外壳；业态化，与其他空间融合创生；学科化，用科学技术改变策展（图40）。

（1）潮流化，软化学术的坚固外壳

展览展示行业与其他行业的最大区别是，发掘、研究内容，并使之故事化、视觉化，从而实现内容的深度与广度，这是其他行业很难做到的，但是这个行业的弊端也同样明显。行业的内容体系过于庞大，往往显得笨重、老旧、枯燥且无聊，我们的空间也往往如此。这也是目前博物馆界和策展人面临的最大问题之一。所以，如果想要与其他事物产生融合，就需要我们有可变性与可塑性，而一般情况下，可变性与可塑性便体现在是否贴近潮流上。策展的潮流化可以从电影、音乐、剧集、综艺、体育、文学等流行元素中寻找结合点，下面的许多部分是我想象出来的，大家当成一种思维方式即可。

电影：将电影植入博物馆，把博物馆变成电影的取景地，甚至把博物馆变成影视基地、博物影视聚落、博物馆＋影视城、博物馆＋电影院；老影院升级改造成发布式电影博物馆，年轻人的新时尚聚集地。

游戏：在博物馆玩剧本杀已经有人在做了，那也可以在博物馆、科技馆玩电竞、做游戏直播、做 ChinaJoy；将博物馆地图作为游戏地图；以某个大馆为背景开发新游戏 IP。

剧集：电影可以博物化，那电视剧也可以联名拍摄、短期冠名，如《琅琊榜》—滁州博物馆、《甄嬛传》—故宫里的神兽展。

综艺：《国家宝藏》给我们做了一个非常好的榜样，那也可以在博物馆做《假如我们穿越了》《乘风破浪的讲解员》《向往的博物馆》。

秀场：把博物馆变成沉浸式的剧场，如《不眠之夜》。演出实景多媒体剧、流媒体剧、儿童剧，甚至成为春晚分会场也有可能。

音乐：博物馆音乐会；地域音乐分享会；歌星音乐发布会；博物馆＋流行乐基地。

短视频：博物馆评测；文创开箱；馆评人；逛馆游中国；博物馆情景短剧；说国宝，或许你还不知道；讲解员小姐姐手势舞，已经有许多博物馆在做类似的尝试了。

直播：那些博物馆的"咖啡"；把全国博物馆的文创产品集合到一起，变成全国联合店；城市伴手礼分销店。

体育：博物馆定向越野；博物馆马拉松（起点、终点）；体育公园博物馆。

住宿：我住博物馆；主题酒店。

文学：有"废材流"的玄幻小说，也可以有博物流的小说；有盗墓文学，也可以有反盗墓文学，或者博物馆青春文学；非主流的文学创作。

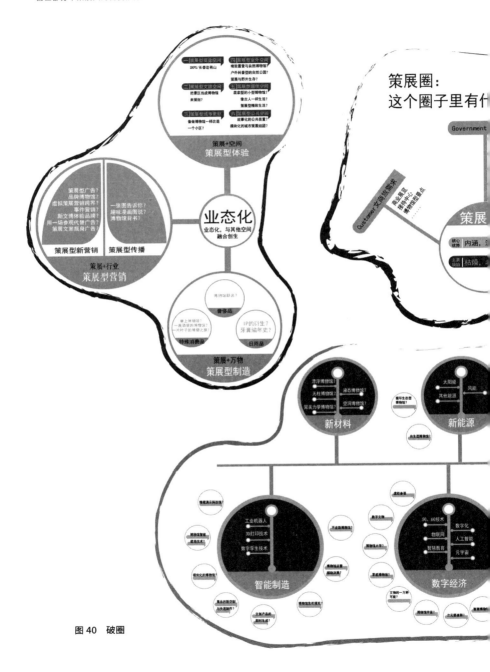

图 40　破圈

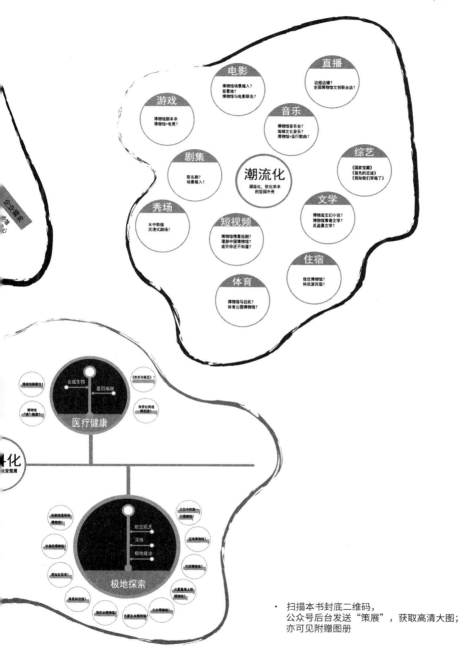

· 扫描本书封底二维码,
公众号后台发送"策展",获取高清大图;
亦可见附赠图册

以上这些有很多纯属"脑洞"，但大家不妨大胆创想，即使很反常识也不要轻易否决，我们的目的是，在坚持文物保护和高品质内容创作的基础上，做出更多、更大的尝试。

（2）业态化，与其他空间融合创生

拥有可变性之后，策展业态与其他业态的融合便方便了很多。我将策划业态化分成三个方向。

1）"策展＋空间"的"策展型体验"

策展型商业空间：相信大多数策展人都听说过这种类型，比如 SKP-S、长春这有山、长沙文和友等。

策展型文旅空间：用博物馆策划的方法去策划一个景区，这也是我深度探索的业务之一。

策展型城市更新：像做博物馆一样改造一个小区。我们尝试过将策展的办法应用到城市改造当中，可以解决很多传统改造的问题。

策展型室外空间：精致露营与自然博物馆结合；户外科普型自然公园；策展与野外生存，现在已经有一些先锋性的案例。

策展型居住空间：把博物馆与家居融合，用策展的方式营造我们的家；和装修公司合作居家型的小型博物馆。

策展型公共空间：把博物馆拆成无数个碎片，打造故事化的公共装置；模块化的城市策展组团，目前已经有成功的案例。

2）"策展＋万物"的"策展型制造"

比如，博物馆与奢侈品品牌联名创作；把博物馆微缩化，变成掌上的玩具；在一瓶酒里装入酒文化博物馆；将茶叶罐变成茶叶博物馆。又比如，将日用品的包装用策展的方式去打造，讲一系列故事，然后分产品印刷，或者把它们变成新的 IP，等等。

3）　"策展＋行业"的"策展型营销"

策展型广告：用一场体验型的线上参观代替广告；像江小白一样的策展文案瓶身广告。

策展型新营销：品牌博物馆；虚拟策展营销跨界；事件营销；新文博体验品牌。

策展型传播：一张图全解；趣味漫画图说；博物馆背书。

（3）学科化，用科学技术改变策展

科学技术向来是改变世界的第一动力，尤其是高科技。假如将高科技与策展结合，会产生什么样的结果？我们可以试着从数字经济、极地探索、医疗健康、新能源、智能制造、新材料六个板块展开想象。

1）数字经济

数字化：展馆的数字化已经实施了许多年，包括博物馆数字化、文物数字化、艺术品数字化等项目已经日益成熟，但依然可以追求更高的精度和更快的速度。

人工智能：新的智能导览员、虚拟导览员、全智慧化的博物馆；更成熟的博物馆大数据服务；打通数据资源。

元宇宙：次元壁破裂；全新的博物馆宇宙；文物除时间、空间、维度之外的其他解决方案；展品的其他可能。

5G、6G 技术：更快的感应速度，更多的细节呈现，实现接近裸感的零感博物馆。

物联网：借助物联网，所有博物馆的物与空间连接成一个更自由和庞大的数据空间。

智慧教育：博物馆变成学校或取代传统培训机构；将博物馆分割成教育模块供所有人使用；将数字文物、虚拟参观接入学校的教学系统中。

2）极地探索

航空航天：在太空里建立博物馆；将"天宫一号"改造成博物馆；在近地轨道做天文博物馆；建立宇宙自然博物馆。

深海：在海洋的最深处建造特殊博物馆或科技馆，深海中新的独特的物种构成自然海底博物馆供人参观。

极地破冰：全部以冰为材料、一年出现一次的博物馆；装载在轮船上全世界移动的海洋博物馆。

3）医疗健康

基因编辑：把博物馆"种"出来，就像《杰克与豌豆》一样；复生的恐龙可以像电影一样在一座孤岛上再现。

合成生物：非自然食物餐厅可以做出不一样的料理，吸引人们的目光；新的物种产生的新食材，可以独立变成一个体验型的餐饮实验室。

4）新能源

太阳能、风能、其他能源：不需要公共供电的博物馆；向电网提供能源的零碳博物馆；像生态球一样的人造生态球博物馆，实现所有物质的自然循环。

5）智能制造

工业机器人：人不动，馆动，不用走路的博物馆。

3D 打印技术：把博物馆和展品模块打印出来；博物馆的其他结构同步智能建造；把博物馆做成模块，拼接后即可运输；文创产品即时生成。

数字孪生技术：博物馆运营辅助决策；博物馆危机模拟。

6）新材料

博物馆一定是在地面上的吗？有没有什么材料可以支持完全无柱的结构设计？博物馆可以像阿米巴虫一样变形吗？有没有永不消失的博物馆建筑？

以上部分，有些已经实现，有些可能实现，有些是已在虚拟世界里实现，有些纯粹是"开脑洞"，但是我们不能否认一切可能。如果你对上述的某一个可能产生了遐想，并认为它有可能成为你展示策划职业生涯的一个发展方向，突破策展业务或企业瓶颈的一种可能，接下来可以怎么做？我将开发思路总结为 WMP 原则——What, Mode, Plans。

What——我有什么。不要轻易地进入陌生的领域，做你熟悉的事情。做之前先想一下：你的产品可以解决什么问题；这个需求是刚性的还是非刚性的，是高频的还是低频的；它的消费场景在哪里；它是不是唯一的；你的产品和其他人的差异在哪里；它和你现在的业务结合点在哪里。比如，你想尝试博物馆＋商业，那么你有过商业运营的经验吗？有相关的人才吗？如果有的话，再往后考虑。没有的话，还是要慎重一些。

Mode——商业模式。如果上述问题的答案都比较乐观，那再想想看：这个新业务的盈利点在哪里；有没有触碰到利益相关者，会让他们成为你的潜在反对者；你的商业模式是怎样设计的，怎样实现营收，这个模式是否可以复制。

Plans——实施计划。如果上述问题都想得很明白，那么接下来就可以考虑你的资金来源了——自己投，还是找天使投资或者风投。如果想找投资方，就需要将前面的几个关键问题整理成计划书，加入你的时间安排，人力、资金使用计划，并在几分钟之内将它们讲明白。如果你自己都讲不明白，那你未来的投资人、合伙人、员工怎么会明白呢？

　　上述的可能性不过是实际情况的"万一"，圈的范围也比我看到的要更大，但主要表达的是一种思考方式和工作习惯：不能停止思考与探求。我们都确信，变化是最大的不变因素，只要内心还存在着冲动，往可能的边界探一探，就会有新的可能。

23 答策展二三问

创意行业的人大概都会有这些困扰：时间不够，准备不充分，创意枯竭，理想与现实存在差距，等等。展览展示行业大体上也是这样的。

第一个问题：行活，怎样体现自己的价值。

行活，指的是那些数量大、工作模式基本雷同、成果差不多的一类项目，比如规划馆、企业馆、房企的展示中心等。过去、现在、将来；梦想、团队、新章；宜居、宜业、洼地——基本上都是这些内容。有点追求的策展从业者碰到这类项目，大多会叹口气，然后绞尽脑汁地自圆其说。就像当年的我一样，心想要是能有一个不一样的项目该多好。可是很快你就会发现，这样的情况可能你一次也碰不上，来的活八九成都是行活。

<u>怎么办？</u>我觉得有一个根本上的认知问题需要修正，即我们的价值在哪里。我们本质上是一群解决问题的人，有人肯花钱找我们做一个馆，那肯定是他遇到问题了。如果我们接了这个活，首先要做的是解决问题，而不是自我表达。即便是行活，也要身在其位，人谋其职，老老实实地摆正态度，把活做好。而且，行活也能出好的作品。文艺复兴期间，大多数艺术家都要靠行活来养活自己，甚至不少行活到现在也是传世名作。所以，摆正态度，好好做，认认真真为他人创造价值，这就是我们的价值。

甲方资金不足，那就想想怎么帮他省钱；领导指示不合理，不如想想他为什么这么指示，指示里有哪些是可取的；同事配合不力，可以给他们更多的启示和帮助。在你现有的能力下，尽最大的可能去推动项目。你所做的任何努力，都会在将来的某个时刻回报你。当然，如果你是老板，可以一开始就说"不"，但只要你接了，就想办法做好吧。

第二个问题：时间不够，完全是在瞎搞。

在项目当中，除了价值的问题，最让人困扰的可能就是时间问题了。一个项目，领导只给三五天，有时候是一两天，甚至一个晚上就要出内容，这怎么可能做得出来？资料都没时间看。我也非常痛恨这种行为，但事情已然这样，这是多种因素累积下来的结果，留给你的只有这么点时间。

怎么办？这种情况可能是常态，躲避不了的事情就去想解决方案。倒逼自己，用一个个项目磨炼出你的应急反应能力，换个角度想想，这未尝不是自我修炼的一种法门。仔细想想，哪些创作行为和动作是最浪费时间的，是查资料还是做 PPT？有没有更好的资料查询方法？做 PPT 有什么教程和诀窍吗？什么时候是你创作能力最强的时间段？是否可以合理使用这个时间段？有没有更快阅读的技巧？有没有更方便、高效的软件？有没有更合适的创作装备？快捷键有哪些？哪种咖啡最提神？……细化你的工作过程，分析它们，找出可以优化的地方，修正它们。

工作是由无数个细节构成的，打磨每一个细节，会给你带来意想不到的效果。高手就是这样炼成的。所以，你可以试试，不要想着一蹴而就，这是一个比较长期的过程，至少需要数十个项目的磨炼。慢慢地，你就会发现，其实时间紧反而是一件好事。长此以往，你的反应会比别人快很多，工作效率也会比别人高很多。

第三个问题：感觉没想法了，憋不出来。

不要慌，这也是创意工作者的常态。这种情况分为生理性和知识性两种类型。生理性是指你的脑子现在不是处在最佳的创作状态，比如，已经两天没睡了。这种情况比较好办，没有什么事情是睡一觉不能解决的，如果不能，就睡两觉。

知识性的创意卡壳又分两种情况。一是<u>当下的、即时的</u>。当前身体状态良好，温湿度适宜，咖啡香味正浓，但就是什么都想不出来。遇到这种情况怎么办？想一想我一开始说的，我们的最大价值是解决问题。常规的解决方案肯定还是有的，只是创新不足，但如果实在没有办法，就事先准备好这个备用计划，这样即使在你没有创意的情况下，也能够把问题解决。

在剩余的时间里，我们要做的就是逼一逼自己，看看有没有可能让方案更好一点儿，哪怕只是一句话、一个展项、一个小的互动，或者一个小空间。之所以这么做，是因为量变引起质变。在做这些事情的时候，经常能够打开你的"脑洞"，甚至可能只是一句非常酷的话，就将整个方案提升了一个层次。所以，不要放弃最后的努力和尝试。

<u>另一种情况是长期的、远程的</u>。创意是需要积累的，这一点大家都知道，但又不十分清楚，不清楚的是在哪里积累。这里所说的创意就是生活和工作，其实不用将工作、生活和创意分得太清楚，尤其是策展工作。策展碰到的问题大多是生活和工作的问题。比如，你喜欢咖啡，本身就对它有许多研究，然后你碰到了一个咖啡博物馆；喜欢拳击，碰到了一个健身博物馆；喜欢做手工，碰到了一个匠人中心。当你本身就有许多感悟的时候，你做出来的作品就是有温度的。

当然，我们不会运气那么好，喜欢的事物正是我们要做的项目。但感悟是相通的，道理也是相通的。所以，作为策展人，我鼓励大家去尝试新的生活方式，爱生活，爱一切，把生活作为一种基本素材，许多创意的道理本身就通了。

人生者，谋生，谋趣，谋爱尔。

附录 1：某策展型文商旅项目方案

1. 源起：一份追求

某市，需要一个什么样的城市海岸？

我们有许多切合实际的追求

城市居住者的共享公用空间 / 城市消费者的消费升级空间 / 城市管理者的文化传播空间。

但更多时候，我们更想突破藩篱寻找专属于某市的城市印象，以及永不落幕的城市符号。

2. 内涵：一个故事

【故事线】

恰是人间最美好

| 聚落·在人间 | 云廊·观沧海 | 天阶·起琼楼 |

现实　　　　　　　　　　　追求

超脱

【空间板块】

聚落 · 在人间	云廊 · 观沧海	天阶 · 起琼楼
· NATURE 奇境海岸 · CULTURE 奇迹海岸 · FUTURE 奇妙海岸	· 寻梦游廊 · 摩天云廊	· 一步鲲鹏

聚落· 在人间	NATURE 奇境海岸	地海寻奇——海洋地质馆	
		天海拾遗——贝壳博物馆	
		水的一万种可能——水博物馆	
		仰望星空的我们——星空营地	
		奇境环游记——海底餐厅	
		海的抱抱——海滨浴场	
		孩子们的国——沙堡乐园	
	CULTURE 奇迹海岸	以蓝色为名——海洋艺术馆	
		海纳百川——海风文化馆	
		再一个蓬莱——海秀剧院	
		用一本书的时间——蓬莱书舍	
		烟锁重楼——四合御院	
		面朝大海,春暖花开——海筑	
		随风飘摇的阿拉比卡——海藻咖啡厅	
		岁月关不住——流量影院	
		卡路里暴动——新动能海滩	冰雪世界
			沙滩排球
			室内多功能运动场
			极限穿越
	FUTURE 奇妙海岸	游学新势力——海洋研学营	
		海的想象力——潮流创客营	
		科学告诉我——数字海洋馆	

			民间文学
	摩天云廊：和天海的一个梦幻之约		民间音乐
			民间舞蹈
			传统戏剧
云廊·观沧海	寻梦游廊	城市的故事——非遗传承	曲艺
			杂技与竞技
			民间美术
			传统手工技艺
			传统医药
			民俗
		快闪集合——POP UP STORE	
		文艺青年的打卡地——共享市集	
天阶·起琼楼	一步鲲鹏	天涯的故乡——观景平台	

3. 空间：一段旅程

某市的城市肌理在哪里？

转化的力量 / 一栋建筑 / 一个院落 / 一片海岸。

【设计理念】

一栋建筑

某市的城市肌理在哪里/转化的力量/一栋建筑/一个院落/一片海岸

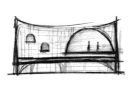

立面布局的转化

模块化的建筑单体设计

穹顶式建筑与方式建筑可灵活组合
规格、布局及大小亦可根据实际情况变动

【设计理念】

一个院落

某市的城市肌理在哪里/转化的力量/一栋建筑/一个院落/一片海岸

【设计理念】

一片海岸

某市的城市肌理在哪里/转化的力量/一栋建筑/一个院落/一片海岸

【设计理念】

一片海岸

某市的城市肌理在哪里/转化的力量/一栋建筑/一个院落/一片海岸

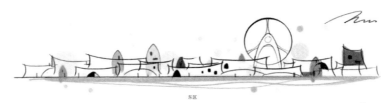

东区

21

【设计理念】

一片海岸

某市的城市肌理在哪里/转化的力量/一栋建筑/一个院落/一片海岸

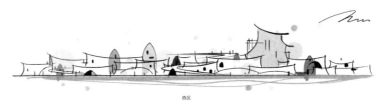

西区

【垂向布局】

"在人间"构成基底，"观沧海"贯穿东西及上下空间，"起琼楼"构成城市地标

【平面布局】

"在人间"构成的基底中，以三层步进式体验构成体验进深

4. 运营：一个体系

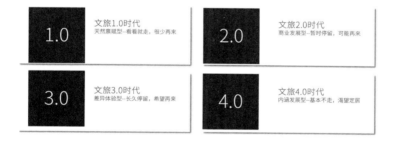

4.0 时代内涵发展型的核心四要素

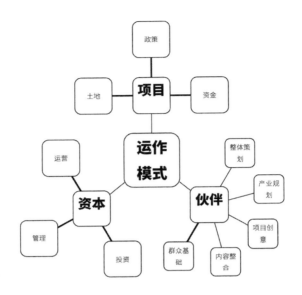

共利/共生

5. 展望：一个未来

城市地标 / 某市城市新天际线

动能引擎 / 城市动能转换示范

蓝色骄傲 / 蓝色经济创新样板

· 本案例空间设计由艺术家王盼创作，烟波里标识由设计师陈敏峰创作

附录 2：某科技馆策划方案及展览大纲

1. 项目定位

我们要建设一个什么样的城市科技馆？

第一个问题：

未来的科技馆是什么样的？

广义的科学博物馆包括自然博物馆、科学工业博物馆和科学中心三种类型，狭义的科学博物馆指其中的科学工业博物馆。

未来科技馆发展的四个趋势	**多馆聚合** ▶	科学中心、科学历史博物馆、自然博物馆、艺术馆、图书馆等各类馆功能的融合。
	润物无声 ▶	不仅仅有一个聚合的科技馆，还会有无数模块化的分馆、子馆、迷你馆进入公共空间、社区、学校，融入我们的生活。
	虚实互通 ▶	除了实景体验的增强外，通过数字化、数据化的体验方式，虚拟空间亦将提供更多的可能，并且实景与虚拟场景将实现互通。
	跨界运营 ▶	不再单纯地依赖财政补贴，可能通过市场化的运营方式解决运营资金的来源，并创造更多的传播数量线。

第二个问题：

城市需要一个什么样的科技馆？

歌画城市需要一个新的 **城市级展示窗口**	科教之乡需要一个 **科学教育的新高地**	产业之城需要一个 **科普创造的新载体**

整体定位

城市的科旅地标
孩子的畅想乐园
创新的聚合载体

第三个问题：

我们应该怎么做？

内容怎么讲述？空间体验怎样设计？运营怎么面向未来？

内容：全面覆盖，城市特色
空间：科学艺术，快乐沉浸
运营：知产运营，持续发展

2. 项目内涵

展示什么？讲什么故事？体现什么内涵？

某科技馆
展览大纲

	A1 诗画江南		
	A2 歌山画水	一曲歌山	
		水画江南	江水
			田园
	A3 一方奇人	崇文重教	
		往来鸿儒	
		匠心为工	建筑之乡
			工艺美术之乡
A-25% 发现 家乡	A4 科学视界	厨房里的奥秘	变色水
			垃圾分类
			厨具家族
			香气的由来
			味觉的传递
			能源的转化
			流动的节奏
			发酵的面包
		浴缸里的科学	沐浴露的背后
			火焰里的转化
			泡泡拉力机
			泡泡的色彩
			旋涡的方向
			阿基米德的皇冠
		书房里的研究	椅子的角度
			温度的变化
			印刷的原理
			和远方的小朋友面对面
			计算机的结构
		花园里的部落	肥料的作用
			土壤的种类
			蝌蚪的一生
			水的净化
			种子的力量
			花草的结构
			蝴蝶在忙什么
			微观世界

B-15% 智在 中华	B1 智慧长河	古代科技		古代航海
				古代建筑
				古代物理
				古代化学
				古代地理学
				古代农学
				古代医药学
				古代数学
				古代天文学
		西学东渐与近代中国科技		
		民国时期		
	B2 无声惊雷	中国汽车		
		地铁技术		
		生命科学		
		桥梁技术		
		大口径射电望远镜		
		量子卫星		
		中国高铁		
		超级计算机		
		X射线天文卫星		
		国产大飞机		
		载人航天		
		北斗卫星导航系统		
	B3 星辰大海	新一代信息技术		
		生物医药		
		新材料		
		新能源		
		农业科技		
		人工智能		
		交通领域		
		节能环保		
		海洋领域		
		高端装备制造		
	B4 科创之城	新材料		锂离子电池
				玄武岩纤维
				建筑材料
				高端塑料
				电子陶瓷

B-15% 智在 中华	B4 科创之城	磁性电子	新型电子元器件
			软磁材料
			磁体材料
		医药健康	健康药妆
			现代中药
			医疗器械及耗材
			生物技术药物
			化学药物
		新一代信息技术	北斗及时空服务
			量子通信
			新型显示
			5G 及网络通信
		机器人与智能装备	智能装备
			机器人
		现代建筑与交通装备	3D 打印
			节能环保材料
			新能源汽车及运营服务
			航空及配套服务

C-25% 地球 家园	C1 文明之路	古文明	古巴比伦	
			古印度	
			古埃及	
			中国	
		文明简史		
		人类智慧	思维	
			学习	
			实践	
	C2 生命之歌	生命之初	原始生命	
			多分子体系	
			有机高分子	
			有机小分子	
			米勒实验	
		自私的基因		
		细胞结构	真核细胞	
			原核细胞	
			微生物	
			生命的秘密	

C-25% 地球家园	C2 生命之歌	进化历程	太古代	
			元古代	
			古生代	
			中生代	
			新生代	
		生态系统	湿地	
			海洋	
			荒漠	
			草原	
			森林	
		人类传奇	祖先足迹	
			人类近亲	
			大脑的奥秘	
			人的一生	
	C3 蓝色行星	原始地球	地球诞生	
			红色海洋	
			战栗大地	
			板块漂移	南美洲板块
				斯堪的纳维亚板块
				菲律宾海板块
				太平洋板块
				北美洲板块
				纳斯卡板块
				胡安·德富卡板块
				欧亚板块
				科科斯板块
				加勒比板块
				印度—澳大利亚板块
				阿拉伯板块
				南极洲板块
				非洲板块
		矿物形成	硅化木	
			陨石	
			有机矿	
			非金属矿	
			金属矿	
			变质岩	
			沉积岩	
			岩浆岩	
		无限深蓝		

D-35% **无尽 深空**	D1 诞生之初	维度	奇点	
			一维	
			二维	
			三维	
			多维	
		弯曲的时空		
		相对时空		
		混沌系统		
		泡状结构		
		宇宙模型		
	D2 零到无穷	物质的形成	卡丘空间	
			弦	
			基本粒子	
			质子与中子	
			原子	
			分子	
			大统一理论	
		星云		
		星系	银河系	
			太阳系	
	D3 量子殿堂	量子简史	上帝掷骰子吗？	
			经典物理学	电磁学
				牛顿力学
			量子力学的建立	薛定谔
				德布罗意
				海森堡
				狄拉克
				费米
				泡利
				玻色
				玻尔
				卢瑟福
				汤姆孙
				爱因斯坦
				普朗克
		什么是量子	双缝干涉	
			61种基本粒子	
			量子纠缠	

			量子传感器	
D-35% **无尽 深空**	D3 **量子殿堂**	量子的应用	量子通信	"墨子号"
			量子计算	经典比特
				量子比特
		量子九章	算力之争	经典计算机
				量子计算机
			量子计算"三部曲"	量子计算优越性
				实用量子模拟机
				通用量子计算机
			九章·里程碑	技术路线
				技术积累
				"九章一号"
				"九章二号"
	D4 **人类未来**	新能源		
		探索宇宙		
		生命的发展		
		创造生命		
		外星移民		

3. 空间设计

根据故事内涵，未来的空间体验会是什么样的？

4. 运营思路

面向未来的科技馆运营方案

小运营

面对观众的休闲体验系统

大运营

面向未来的城市 IP 运营系统

内容解决方案
（知库展馆）

- 以 IP 为核心的内容开发
- 影视创制
- 演艺创作
- 动漫游戏
- 网络文化
- 创意设计
- 出版产业
- 艺术品交易
- 文化装备

空间解决方案
（多维展馆）

- 线下空间
- 核心区：展馆
- 实验区：配套商业空间
- 缓冲区：周边商业业态整合
- 辐射区：市区及其他城市
- 互联网 +
- 展馆数字化体验
- 自媒体
- 电商
- 线上线下融合

品牌解决方案
（广域展馆）

- 多样内涵
- 全能适配

一核	一圈	一系
文化核	**场景圈**	**运营系**
科技馆新内容创作核心	科技馆文化消费场景圈	科技馆IP运营体系

科技馆剧、触合剧创作	科技馆电影、电视剧开发	科技馆新媒体创作	科技馆漫画、动画开发	科技馆传统技艺创新设计	科技馆衍生消费品设计	科技馆文化出版物	科技馆装置与装备开发	科技馆主题乐园	科技馆主题剧院	科技馆展览展示	科技馆主题商店	科技馆主题餐厅	科技馆主题景观	科技馆主题活动	公共文化插件	IP规划与引入	IP原创与保护	IP授权与输出	版权经纪

后 记

2022 年春节前夕，我为本书组织了一次审稿会，希望可以通过读者的建议进一步改进本书，感谢黄小雨、黄新林、和夏、劳志春、刘对、刘佳玥、李霄霄、李佳、沈点粒、完园园等小伙伴线下的审稿与建议，尤其是沈点粒，为本书的文字修正及行文提供了大量帮助。

现阶段，我国每年都要新建数百个新的博物馆、数千个展示馆和不计其数的跨界展示空间，并且正在和其他空间融合，产生新的"物种"，展览展示行业在我国正蓬勃发展。

我入行至今不过十四年，所学所知亦十分有限，也还在不断地学习与破圈，这本书是对我十四年策展职业生涯经验的总结。实践部分是我经历过数百个项目精炼出来的工作流程，认知部分归纳了许多想法，并原创了一些理论，修养部分是我结合自身经历的一点儿浅见。

认知无界，追求无限，将来我对展览展示也会有新的认知，甚至颠覆现在的想法，希望大家不要拘泥于我的观点，大胆创新，让我们一起沉淀"策展学"的发展基础。

一生一业，一世一学，感谢大家，我们共同前进。

图书在版编目（CIP）数据

策展行知：展示策划工作手册／叶秋著 . —桂林：
广西师范大学出版社，2023.8（2023.9 重印）
ISBN 978-7-5598-6150-4

Ⅰ . ①策… Ⅱ . ①叶… Ⅲ . ①展览会－策划－手册
Ⅳ . ① G245-62

中国国家版本馆 CIP 数据核字 (2023) 第 109348 号

策展行知：展示策划工作手册
CEZHAN XINGZHI: ZHANSHI CEHUA GONGZUO SHOUCE

出 品 人：刘广汉
责任编辑：孙世阳
装帧设计：六　元
广西师范大学出版社出版发行

（广西桂林市五里店路 9 号　　邮政编码：541004）
（网址：http://www.bbtpress.com）
出版人：黄轩庄
全国新华书店经销
销售热线：021-65200318　021-31260822-898
山东临沂新华印刷物流集团有限责任公司印刷
（临沂高新技术产业开发区新华路 1 号 邮政编码：276017）
开本：890 mm×1 240 mm　　1/32
印张：8　　　　　　　　字数：190 千
2023 年 8 月第 1 版　　　2023 年 9 月第 2 次印刷
定价：88.00 元

如发现印装质量问题，影响阅读，请与出版社发行部门联系调换。